小企业
极简商业模式

すぐに一億円
小さな会社のビジネスモデル超入門

［日］高井洋子——著

张佳——译

人民东方出版传媒
People's Oriental Publishing & Media
东方出版社
The Oriental Press

出版者的话

《"十四五"规划和2035年远景目标纲要》指出,要促进民营企业高质量发展,鼓励民营企业改革创新,提升经营能力和管理水平。中小企业是推动国民经济发展和促进市场繁荣的重要力量,从2012年到2021年,我国的民营企业数量从1085.7万户增长到4457.5万户,民营企业在企业总量中的占比由79.4%提高到92.1%,在增加就业、促进创新、改善民生等方面发挥了重要作用。我国的中小企业经营者亟须学习科学的、系统化的、有针对性的经管知识,建立先进的现代企业制度,实现长足发展。

为满足广大中小企业主、创业者及经管爱好者的学习需求,我社编辑出版了这套"日本中小企业经管书系"，自2022年3月起陆续出版。

众所周知，日本不仅有丰田、索尼、松下等体量庞大的巨头企业，也不乏一些规模虽小但利润极高的中小企业。这些中小企业经历了长达几十年的摸索与试错，积累了宝贵的经验教训。他们发现，一味照搬大企业的管理模式是行不通的，中小企业必须认清自身的优势与劣势，找准自身定位，开辟出一条"小而美"的独特发展道路，才能在这个竞争空前激烈的时代赢得生存空间。"日本中小企业经管书系"旨在借鉴这些日本优秀中小企业的管理经验，从经营理念、商业规划、财务管理、人事管理、产品研发、营销手段等多方面入手，帮助我国中小企业解决诸多实际困难，少走弯路。

此外，在引进图书的选品上，我们所选图书的作者均为日本知名中小企业主或资深商业顾问，有着扎实的理论基础和丰富的实践经验；在合作出版社的选择上，我们的合作方均为日经 BP、宝岛社等日本老牌出版社，内容质量有保证；在图书设计上，我们采用了简约大气的撞色风格，图书小巧轻薄，突出"轻松阅读"的理念，方便读者随时翻阅。

"日本中小企业经管书系"是我们献给广大读者的倾心之作，力求内容简明、通俗易懂、实操性强，兼具专业性和趣味性。希望这套书能够为读者朋友们带来些许启发，让我国中小企业在这片肥沃的土壤中百花齐放。

感谢您的惠购与赏读！

2022 年 3 月

目　录

第1章

▼

使顾客增加的方法

第2章

▼

适用于各行业的会员商业

第 3 章

迅速提升营业额的"提前法则"

第4章

▼

没有战略的企业很艰辛

前言

赚钱的公司，
肯定有获利的机制

"怎么做都不赚钱，到底怎么办才好?"

大多数经营者、骨干或商务人士问我这个问题时，我一定会这样回答:"那是因为你没有获利的机制。你必须构建好获利机制，也就是'商业模式'。"很多人听到这个回答会说:"我一直以为是因为不够努力才会让顾客不满意。"

在这里，我要明确地说，这个想法是完全错误的。**"努力"和"获利"没有一点关系。**因为一直不赚钱就不眠不休地努力，这样反而更赚不到钱。因为你过于忙碌，失去了构建"获利机制"也就是"商业模式"的时间。

美发店的老板，请放下手中的剪子！

餐饮店的老板，请放下手中的菜刀！

无论身处什么行业，各位经营者，请卸掉你忙于创造营业额的角色，留出构建商业模式的时间。有趣的是，只要商业模式构建好了，营业额自然就上来了，而且经营者还能切实感受到"做生意多么快乐啊"。

我作为 Carity 股份公司的首席顾问，从 2012 年开始主办面向经营者和业务骨干的"No.1 商业模式课堂"研讨会，至今已经见过 800 多家企业的经营实况，见过各种行业业态，其中既有知名企业的管理者，也有计划今后创业的人，年营业额规模从零到千亿日元（合人民币 60 亿元左右），跨度较大。几乎所有参加研讨会的公司都得到了显著改善，其中也不乏有取得了奇迹般成果的经营者。原本完全不赚钱的公司在建立了商业模式后马上实现营业额翻 14 倍，构建商业模式后轻松达成利润目标……这类案例不断涌现。这并不是什么稀奇的事情，不需要强调努力或韧性的精神论，只要建立了获利的机制并执行，公司就可以实现飞跃式成长。

我看到那些没有商业模式却还在苦心经营的老板就提心吊胆，甚至感到恐惧，因为靠这种粗放的经营，公司是无法生存下去的。

只要做出优质产品就可大卖、只要价格便宜就可大卖的时代已经终结。在当今时代，即使做出了好产品，即使价格便宜，也卖不出去。但是，仍有很多企业一心只想做好产品，或者促销降价。

餐饮店提供美味的菜肴是理所当然的，但是对美味的判断原本就是主观的，每个人的喜好都不同。去美发店做的发型比没去之前还糟糕会怎么样？客人当然会生气。还有很多房地产企业在强调房屋的安全和安心，但这些都是理所当然的，如果不是安全安心的反倒麻烦了。

好商品未必就能大卖；相反，卖不出去的也未必是问题产品。**正因为卖得好才是"好产品"。**在物质充裕的今天，怎么才能赚钱呢？答案就在商业模式，公司必须有能获利的机制。

但很可惜，市面上有关商业模式的书大多是关于大企业的，不适合中小企业。本书旨在让中小企业在构建商业模式时，能有易懂且可用于实践的依据，成为"中小企业商业模式教科书"。据说，全日本380万家中小企业中，年营业额并未超1亿日元（约合600万元人民币）的公司约占80.5%，规模非常小，这是日本中小企业的一大特征。本书中记录了许多可以实现"快速达成营业额上亿（日元）"的诀窍。

比起营业额，更重要的是利润。说实话，如果想让营业额达到1亿日元，即使没有完善的商业模式也可以较轻松地达成。本书首先描述了那些有问题的企业仅通过改善现状就迅速让营业额过亿的过程。其次，也为了能更上一个台阶，通俗易懂地描绘了商业模式的构建。本书构建的商业模式是成为上亿、上十亿、上百亿（日元）企业基础的机制（当然，精益求精是前提）。

好的商业模式不但能提高营业额，还能快速提高收益性。其实，比利润更重要的是现金。无论如何，请中小企业一定要构建商业模式，成为赚钱的企业。

无收益的经营者和被委任了不获利业务的管理者，现在请马上停手，先阅读本书，构建良好的商业模式。本书为了增加易读性，采用故事和解说结合的方式。

最后，我借用故事主人公樱子的话来结束前言：

"赚钱其实很简单，马上赚他一个亿，就这么说定啦。"

登场人物介绍

远山樱子（45 岁）

"营业额快速破亿"精明能干的顾问，"赚钱很容易"是她的口头禅。致力于向企业宣传构建商业模式的重要性，具有异于常人的分析能力和想法，自诩"商业高于生命"的"商业宅"。因为坚强独立的氛围，让人感觉难以接近，但实际上她的爱好正是让人感到高兴。

藤堂华惠（40 岁）

汉方·按摩沙龙 Hana 的店主。

一心想要帮助因不孕而烦恼的女性，在横滨

经营两家专门解决女性烦恼的汉方按摩沙龙。过去是校花的她善用自己的外貌做宣传，利用杂志或宣传页可以招揽到客人，但是一直无盈利，年营业额6000万日元（约合360万元人民币）。

波叶健一（38岁）

Namiha电器社长。

东京都内商店街上继承祖父传下来的电器店的第三代传人。自从继承以后，受到大型量贩或网上的低价店的冲击陷入经营困境。只是因为没找到自己感兴趣的事，就顺势继承了家里的电器店，对做生意并不上心。年营业额6000万日元（约合360万元人民币）。

前田友树（38岁）

美发店TRANS、SPARK的店主。

与Namiha电器的波叶健一是发小，在埼玉县经营两家美发店。三年前开了第二家店，但是一直因为营业额不理想而烦恼。是个对自己的手艺十分自信的匠人，年营业额 7200 万日元（约合 430 万元人民币）。

河田勇人（32 岁）

樱子的下属，是值得信赖的好帮手。

第 1 章

使顾客增加的
方法

在高档住宅街上，有一家将"成为易孕体质"作为卖点的按摩沙龙。虽然也有客人来，但店长一直苦于无法将客人发展成回头客，最终总店和分店都陷入绝境。那么，采取什么样的战略才能达成营业额破亿的目标呢？

关键词是"客户亲人化"。

——高级住宅街的汉方按摩沙龙——

据说，横滨市青叶区是神奈川县内各市町村中平均年收入最高的地区。"汉方·按摩沙龙Hana"是在这幽静的高级住宅街上伫立着的广告牌。"应该能来不少人吧。"店前站着的女性将齐耳短发别到耳后嘟哝了一句。

"欢迎光临 Hana！"听到开门的声音，店员的目光都集中到了门口。浅灰色无袖连衣裙，身上背着傲士的高档托特包，从她沉着的言谈举止以及身上佩戴物品的较高价格来看应该有 45 岁左右，但是，就皮肤的光泽及苗条的腰身来看，说 30 多岁也不为过。

店员高田晴美心想"跟店长比谁更美呢？这样的美女如果能成为我们店宣传页或海报的模特就好了"，她一边想着就开口打招呼："您是第一次来吧，今天是想咨询关于不孕的事情吗？麻烦先来填个调查表吧。"女人轻轻皱了一下眉，"真是唐突啊，我可没说是来咨询不孕的啊。就算是，还有别的客人在场，这么大声说出来多难为情啊"。

晴美瞪大眼睛定在原地，她一直以来都是这样接待顾客的，怎么突然就被第一次见面连名字都不知道的客人提出异议。虽然有些焦躁，但是也意识到自己被对方渲染的气氛感染，陷入有些混乱的状态。她回过神来轻咳一声，马上又恢复了一贯笑容："是我太失礼了，您是来开中医处方吗，那请您先跟我说一下您的烦恼吧。""太超出想象了"，女性一手扶额轻轻摇头，"这可不行，今天社长在吧?""嗯……""能叫她出来吗? 说远山樱子来了，她应该就知道了。"

另一间屋子里，Hana 的店长藤堂华惠接到内线电话，听到樱子的名字吃了一惊。35 岁独立，终于实现愿望拥有自己的按摩沙龙的华惠，从学生时代就一直享有校花的美誉，现在美貌依旧，经常在媒体上露脸。刊登在杂志上时，也会有"超美艳社长"之类的宣传文案。

"您认识吗? 人非常美丽，但是感觉很强势，如果您不认识，我就回绝吧……""晴美，让她进来吧。"华惠打断了晴美的话回答道。挂了电话以后，华惠马上打开了放着财务结算表的抽屉，心想："没想到真的来了。"

华惠想起一个月前的经营者聚会。那天的主角是一个把"经济不景气啊"挂嘴边的,喝多了的电子商务公司社长猿渡诚。虽然许久未见,但是他的样子变得与以往截然不同。阿玛尼的西装包裹着身躯,不知是不是心理作用,神情也变得精悍起来。虽然牙龈外露的下流笑声、香烟的味道这些让华惠生理不适的因素并未改变,但是他充满自信这一点是绝对不会看错的。周围的人打招呼说"看起来最近生意不错啊",猿渡是这样回答的:"其实是让一位精明能干的顾问来公司改革,然后营业额翻了百倍,所以开心。"

营业额翻百倍——Hana从开业之初营业额就一直在下跌,对于经常苦于资金周转不善的华惠来说"100倍"太有吸引力了。"100倍!真的吗?精明能干的顾问是哪位啊?""不是远山的金先生①,而是

---

① 是指远山金四郎,一位江户时代的知名奉行。

一个叫远山樱子的人。她是位少见的女性顾问，确如评价所说，肯定能提高营业额的一个聪明人。她已经拯救了多个困难企业，好像有魔法一样，营业额轻松破亿，很让人吃惊。藤堂你也可以找她，你绝对不会后悔的。"随着猿渡豪爽的笑声，附和着假笑的华惠内心一点也开心不起来。

听起来这么厉害，如果可以的话确实也想找她，但是现在的自己出不起那高额的咨询费。似乎是看出了华惠的心思，猿渡抿嘴一笑："藤堂，我帮你一把吧。""嗯?""不是，以前就一直想支持一下你这样的职场女性，当然了，前提是只要你愿意。"盯着她脸的猿渡张着嘴，还能看到他的银牙闪着令人憎恶的光。"真是感激不尽，不过，我可以吗? 我觉得自己好像也不是那种能得到您支持的了不起的经营者……"华惠举着红酒杯的右手又紧握了一下。"别客气，不都是困难的时候相互帮助一下嘛。你大可对我放心，那我现在就跟远山樱子先联系一下，不用担心，就交给我了。"
说完轻轻拍了拍华惠的肩膀，华惠瞬间觉得鸡皮
疙瘩都立了起来。华惠也是个成年人，不是不知
道猿渡的企图，但这也是根救命稻草，不能让
Hana 关门。华惠至今都能清楚地回忆起猿渡那娘
气的脸，她似要把那张脸从脑海中甩开一般，拿
起店里的账表快速向会议室走去。

月营业额5000万日元的店也能马上破亿

櫻子一边喝着店里的牛蒡茶，一边环视着会
议室，能看出不管是装修还是家具都花了大价钱，
墙壁上挂着的面板上也都是客人写的信件。"多亏
了咱们店，我终于有了自己的孩子！""已经放弃希
望的第二胎终于怀上了，这都得感谢华惠！"和客
人一起拍照的华惠一副幸福的样子。"怪不得呢。"
櫻子刚将茶杯放在茶碟上，会议室的门就开了。

　　"你好，我是汉方按摩沙龙 Hana 的店主藤堂华惠。"华惠光泽有弹性的头发盘在头上，穿着一身能展现身体曲线的修身西装，美得根本看不出有 40 多岁。樱子想起在店铺网站的主页上刊登的信息，在心中嘟哝着"社长能成为宣传点是公司的优势啊"。

　　"听猿渡先生说远山小姐是了不起的顾问。"华惠隔着桌子轻轻坐在了樱子对面的沙发上。"这是我的荣幸，'了不起'这个形容是不是贴切我也不知道，不过有了好结果是事实，但是您也不要太拘束了。"樱子轻轻点了点头。"听说本周内您会在别的地方，没想到这么快就见到了。"樱子再次端起茶杯放在嘴边微笑地看着华惠，"如果不马上重建公司就麻烦了。""什么?""沙龙的评价好像很好，所以肯定也比较忙吧，但是利润却达不到预期，是不是? 因为不能和顾客构建持续的关系，所以就得拼命捕获新客户……这就是我看到的您烦恼的根源，一直这样的话是没有未来的。"真是正中要害。

"为什么您了解得那么……""怎么连这都知道？不可思议？"樱子"扑哧"一下笑了。"您可真是了不起的顾问啊。""这样，我来把 Hana 变成营业额上亿的店。"华惠像是要被樱子的眼眸吸进去一样，不由得低垂了眼。"但是我现在两个店合起来平均月营业额是 500 万日元（约合 30 万元人民币），年营业额也就是 6000 万日元（约合 360 万元人民币），真的可以马上提升到 1 亿日元（约合 600 万元人民币）？破亿确实一直是我的目标，但是近三年都没什么增长，甚至还有些许减少，离目标越来越远。我现在都不知道该怎么办了……"

看着连珠炮似的：一直在抱怨着的华惠，樱子轻轻笑起来。"赚钱很简单的，马上就能破亿，我跟你保证。"她十分自信，斩钉截铁地说。那一瞬间，华惠从心里感受到"这个人应该可以帮我想到办法"。虽然有些夸张，但是用"仿佛被雷击中般"这样的比喻才能贴切表现出她此刻受到的冲击。华惠深深地低下头恳求道："拜托您了，就像远山小姐所说，我们公司陷入了困境，但是我真的不想放弃。老师，还请您教我解决的方法。"

"华惠小姐，请把头抬起来，叫我樱子就好了。""樱子老师。""老师这个称呼我也不太喜欢，最多就加个小姐吧。""樱子小姐。""好的，然后还想跟您约定一下，我说的事情必须执行，这个能遵守吧？""当然可以。"华惠紧紧握住了樱子伸出的右手，樱子笑着说："握手还是等到成功后吧，先让我看一下最近的 BS（资产负债表）和 PL（利润表）。"（请参看第 49 页的"解说 6"）"啊，好、好的"，华惠红着脸收回了手。樱子已经开始了询问。

不赚钱的原因在广告牌

翻看着 BS 和 PL，樱子向华惠不断提问，一旦答不出来，樱子温和的脸就会晴转阴，让人压力很大。"这下我基本就明白了。"樱子啪地合上资料，说道："华惠小姐，你觉得这家店的问题在哪里？"樱子掏出手机，让华惠看有"汉方按摩沙龙Hana"外观的图片。

"这是我们店呢……但是问题出在哪儿呢？"华惠认真地注视着图片疑惑不解。樱子苦笑，"提示一下，是广告牌"。"广告牌？广告牌可是令我骄傲的啊。为了在远处也能突出我们店的存在，我请人往大了做的，花了不少钱呢。"华惠好似进入到自己的世界一般诉说着对广告牌的想法，樱子一副"你这样可麻烦了"的表情看着她。"那我再问一个问题，让你引以为傲的广告牌有效吗？"樱子一直盯着华惠的眼睛。"说到效果的话，在医院接受不孕治疗，但一直没结果的好几对夫妇都已经有了孩子，大家都说看到这个招牌才下决心来的。"樱子叹了口气，把手机朝向自己，将"因不孕而烦恼的你"这个部分调大又让华惠看，"首先，不赚钱的其中一个原因就在这里"。

"啊？为什么？"华惠皱着眉，满怀自信制作出来的广告牌却被直接否定，也难怪会如此。樱子将手机放在桌子上，华惠眨巴着眼睛一副还没搞懂情况的样子。"华惠小姐，高档住宅街的正中央立着一块写有'因不孕而苦恼的你'的大招牌，一般来说大家就不敢进了吧。"华惠恍然大悟，但是还想反驳一下："但、但是还是有夫妻因为来了我们店就怀孕的啊。""确实，华惠小姐的工作能帮助别人孕育生命，真的很了不起。当然因此而来的客人应该也不少吧。""是的啊，对此我还是十分有自信心的。"

看了一眼已经变成笑脸的华惠，樱子继续说道："但是，请仔细再想一下。现在就是在附近宣传：来这里就是等于承认'我正在为不孕而苦恼'，因为我们也不知道谁会看到，客户也说是

'下定决心'是吧。""确实是那样说的。""因为不管是谁都不想成为八卦的对象，所以也有那些想进来却不能进来的人。刚才我来的时候就被问到'是因为不孕来咨询的吗?'，应该也有人是因此而不知所措离店而去的。这就是其中一个问题。"华惠看起来很懊恼地咬着嘴唇。

目标客户过于集中是失败的根源

"不过，这还是个小问题，下面我们进入主题。那些已经怀孕的人，后来还有作为顾客前来的吗?""啊……"确实，那些生过孩子的夫妻都会来告知"已经生了"，但是之后几乎没有人还继续来了。以前华惠还一直觉得这是件幸福的事。但是，"如果有了孩子就结束了，即使没有孩子也结束了，这样是不能维持客户的。一直寻找新客户对于经营者来说是非常辛苦的，无论是精神上，还是资金上"。华惠苦着脸点了点头，被戳中了痛处。"刚才说的这些，你如果都能理解的话，下面就要指出本质的问题了，做好心理准备了吗？"华惠握紧了放在膝上的双手，挤出了一句"是的"。

"如果只针对'不孕'，客户范围太窄了。"对樱子斩钉截铁的话语，华惠紧追不放，"但是，我想做的事，就是对那些苦恼的夫妻……""我理解你的心情，华惠小姐所想所做的事情真的都非常了不起，但是……"樱子好像绞尽脑汁地思考，看向左上方，"举个例子，烤肉店说'我们是专门做牛胃的烤肉店'，只靠一个小众的部位来做宣传就能生意兴隆，你觉得可能吗？""牛胃啊……确实那些喜欢牛胃的人会非常开心地去吧……""是的啊，只不过喜欢牛胃的人是少数。""如果是整根肠子还好，只卖牛胃确实挺难的，应该也会想吃五花肉、里脊。""是啊，但这就是华惠小姐的店。""嗯？""现在华惠小姐做的就跟专卖牛胃的烤肉店是一样的。""牛胃……"樱子坏笑得看着华惠。

"锁定目标并不是坏事，或者说应该要锁定，但是过于集中反而会引起相反的效果（参看第32页的'解说1'）。Hana强推助孕，因此就只有因不孕而烦恼的人进店了。然后那些人一旦怀孕，就不会再来了，这才是陷入经营不善最大的原因。"

华惠一下子站起来，把放在桌子上的宣传页样品拿过来，"樱子小姐，这个是现在正在制作的宣传页"。那上面"不孕不育请到Hana"的字样十分醒目，"也就是说，我不知不觉中一直在拼命召集那些不会再来的顾客"。"华惠小姐，即使如此也没必要停止关于不孕的业务，只要不将不孕群体作为主要目标客户就行了。"

扩大客户层的方法

"那么需要吸引什么样的客户呢？"对于华惠

的问题，樱子温柔引导般地问道："华惠小姐，您最初为什么要开店呢?"华惠又坐到椅子上，清了清嗓子，"作为按摩师，我在学习时发现所有疾病的原因都在于'骨盆倾斜'和'受寒'，女性中体温低的人非常多，"樱子偶尔点点头，一直默默地听着。"只要能改善'骨盆倾斜'和'体寒'，女性特有的疾病慢慢就会好转，从结果上来说就容易受孕，还可以缓解更年期的不适，可以变瘦，体态也会变好，总之全是好处。对于女性的身体来说，骨盆倾斜和体寒是大忌，我想着必须通过中医、按摩的力量来传递这个信息，因此开了'汉方·按摩沙龙 Hana'，想要帮助所有女性维持健康。"樱子呵呵地笑起来，"你看，答案就出来了。""嗯?""刚才你说想要帮助谁推荐健康来着?""女性，所有的女性。""呵呵，那我再问一个问题，想要孩子的和苦于更年期不适的哪个基数更大呢?""那应该是更年期……吧。""确实，对于想要缓和那些不适症状的人，店里会推荐什么项目呢?""骨盆矫正。""是的，骨盆矫正，我以前也做过。骨盆会在不知不觉中倾斜，如果放任不管就有可能导致不孕。所以骨盆矫正在备孕的人群中也非常受欢迎。""是的，当然，骨盆矫正对于备孕也是非常重要的。"华惠一脸认真地看着樱子。"这样的话就不矛盾了，让有烦恼的所有女性的骨盆都回到正常状态，从今天开始就是这家店的使命，怎么样?"

与微笑着的樱子不同，华惠一副好像还是不能认可的表情:"但是，一直以来我都把帮助别人受孕作为自己的使命，始终很努力但依然未能怀孕的夫妻说着'华惠小姐，我们终于有了宝宝'来到我这里时脸上的笑容，一直是我的原动力，我是不可能放弃这个使命的。"

华惠加强语气强调自己的主张，樱子安慰她说道:"那不孕的人不来做骨盆矫正吗?""嗯?"

"刚才您不是也说了骨盆矫正对于备孕的人来说很重要吗?" "那倒是……" "我可不是说以后就不接待那些因不孕而烦恼的客户了,如果我们打出'骨盆矫正可以养成健康的体魄'这样的口号就可以吸引到各种各样的女性,这当然也包括那些想要孩子的人了。" 华惠听了樱子的话,一转刚才失落的样子,突然笑了,"是啊,首先是要让更多的人来店里,不拘泥于其一,无论是不孕还是更年期的咨询都接,这样就可以增加客户,而且好像更容易做到。"

"这时候泼您的冷水我很抱歉,不过这还只是第一步。现在开始才是最重要的,请您听好。只是扩大客户圈还不够,您知道为什么吗?" "是号召力不够吧? 如果是那样的话,到处分发'健康从骨盆开始'的宣传页来吸引客户,也就是招揽客人最重要吧。" 华惠就差说出"这就是正解吧"的样子朝樱子微笑。"不好意思,答案错误。当然了,制作有效果的宣传页很重要，但在那之前还有要做的事情。""是什么?"

刚说到这里，想起了敲门声，同时传来了店员的声音。"社长，马上就到下一个会面的时间了。""啊，已经这个时间了。"华惠就坐在座位上朝着门口说了一句"马上就过去"。"具体要做什么，就作为今天的作业吧。明天 10 点还在这里，怎么样?"樱子一口喝干了完全冷掉的牛蒡茶，华惠看着她点头说:"当然可以。"

为了达成营业额破亿目标而闭店

第二天上午 10 点，开门不久，樱子就又来了，她的穿着与昨天不同，白裤子配藏蓝色的夹克衫，高跟鞋发出哒哒哒的声响。"早上好!"昨天接待的晴美马上跑了过来，"昨天真是失礼了，那个……已经从店长那里听说了，感谢您对前台招呼客人方式的指导。"对着鞠躬的晴美，樱子说着："我才失礼了，今后也请继续支持店长哟。"不用带路，樱子自行进入了会客厅。"那还接着昨天的说。"华惠已经等在会客室了，经过了一晚，也不知是不是放松的缘故，今天华惠的表情十分平静。"后来，在晚会上我装作不经意地问店员'应该怎样才能捕获新的客户呢'，但是可惜的是没有什么好意见。"华惠抱歉地向下看，"其中甚至有人说……要闭店这样的意见，说是反正也不赚钱，是不是把这家店关了……唉，这么不着边际的建议……""哎呀，这才是正确答案啊！""什么？闭店是正确答案吗？""这位店员直觉还挺准的，因为这家店只要还在这里就是'因不孕而烦恼的人不容易进的店'，很难有新的客人。"樱子说着，华惠的脸色越来越难看。

"那您说该怎么办呢？""所以，就关掉这家店，集中在2号店营业。"听着樱子冷静的语言，华惠感觉到一阵晕眩。樱子看着她又继续说道，"就像最初说的那样，只要广告牌还立在那里，客人就很难来店里，开车前来也很不想把车停到眼前的停车场去。""那……那要是这样的话，重新做广告牌不就好了吗？""不只是广告牌的问题，本身这样在郊外的店，眼前的停车场仅能停下几台车，就已经是致命问题了。""啊？即使是这样，有必要关门吗？居然要闭店……""我觉得已经没有其他办法了。"樱子过于清晰的话语让华惠哑口无言。"与其被一个不赚钱的店铺牵绊，不如集中到一个店，人员也都集中在那里，会比较保险。"华惠狠狠地摇了摇头，"唯独这一点，唯独这一点我无论如何都做不到。"对于华惠来说，这个店是个特别的地方。刚创业时为了让这家店成功，她拼命地工作，三年后要将隔壁的空店铺租下来成为汉方的网络销售场所，连未来的发展也想好了，怎么可能这么轻易地放手。"做不到吗？"樱子直直地看向华惠的眼睛。"请回忆一下我们最初的约定。""啊……"
已经约定好绝对服从樱子的话，但是，华惠怎么
也不能接受，还有些抵抗。"这可是我好不容易才
开的店，这个地方，这家店，满满的全是回忆。"

　　"华惠小姐，您的留恋我很理解。但是，真的
要执着于这家店，而失去真正重要的东西吗？不
管是为了需要这家店的客人们，还是为了在 Hana
工作的店员们，能继续发展下去的经营改革是必
要的，构建获利机制是必要的……等等，华惠小
姐您不是已经这样发过誓了吗？"面对那好像会被
吸进去的视线，华惠退缩了。"那个……""我直说
了，就现金紧张的现状来说，这家店只有两条路。
是按照我说的快速使营业额破亿，还是就这样下
去干看着毫无利润等破产，你选哪个？""我，我知
道了……"华惠被樱子直勾勾盯着，全身都动不
了了。她觉得只能碰碰运气赌一把。

　　就这样，"汉方·按摩沙龙 Hana"两个月后关

闭了总店，力量都集中在了横滨市西区某商业设施内的店铺。

采用会员制走向存量商业

2号店——不，是新1号店重新开业后，华惠听取了樱子的建议，并未在入口处标记大大的"备孕活动"的字样，取而代之的，是将"骨盆矫正套餐"或"汉方按摩套餐"等菜单放在前面，强调健康与瘦身的效果。华惠亲自站在店前，招揽那些看起来对这家店很有兴趣的女性。"容易手脚冰凉吧，看您走路的姿态就知道了。"华惠的技术确实很好，顾客也相应地增加了。当然，店里也有"备孕套餐"，如樱子预测的一般，这样的做法使得备孕相关的咨询也比以前增加了，因为那些以前很难进店的人们，现在也可以轻松来店了。

就这样过了3个月，原本两家店合计才到500

万日元（约合 30 万元人民币）的月营业额，集中在一家店后竟然超过了 900 万日元（约合 54 万元人民币）。不过，能提升至此还有一个原因。

"我们来制定一个会员套餐吧。"樱子对华惠如是说。她在改变菜单的同时也新设置"Hana 会员"，每月仅需 300 日元（约合 18 元人民币）。"设置这样的价格真的可以吗？""每个人 300 日元，如果有 30 个人会怎么样？如果是 100 人、1000 人呢？这可是惊人的营业额啊。会员福利无非是在网店中可以使用的优惠券、生日月赠送的有减免券的生日卡、会员限定的活动信息的电子杂志等。""原来如此。""然后是制定一个会员套餐，比如通常 8000 日元（约 480 元人民币）的套餐，如果是会员可以一个月仅用 6500 日元（约 390 元人民币）做两次骨盆矫正等。""嗯嗯。""增加会员就是走向存量商业之路（参看第 35 页'解说 3'）。""存量商业？""所谓的'存量商业'，就是可以创造出持续营业额的商业，也就是说如果可以将顾客转化成会员，就没有必要总是招揽新顾客了，可以确保稳定的客人数量。""不愧是樱子小姐，真的厉害!""就不要夸奖我了，请尽早决定好会员套餐的内容。""好的。"就这样，樱子的战略——"会员制"将营业额提升了上去。

汉方·按摩沙龙的"诱饵"与"核心"

又过了半年。"社长，从我们关闭了总店集中到这里后，营业额提升了好多，保持这个势头是可以达成目标的吧。"晴美开心地跟华惠说着。"多亏了樱子小姐，我没想到居然能有这样的变化。"两人正拉着手开心，听到了熟悉的声音。"我都说了吧，赚钱很简单的。""樱子小姐!"华惠因惊讶眼睛睁得更大了。看到她这样，Hana 的店员都一起看着樱子和华惠。"哎？樱子小姐就是那个远山樱子吗?"当初决定闭店时的华惠一边看着网上关于樱子的评价,一边问了店员,这样的判断是不是正确的,事实上证明了这才是最好的选择后,Hana 的店员中都在传颂樱子是神一般的存在。"啊,你们在这里等着啊。"华惠制止了店员们的骚动,和樱子一起去了同一层的咖啡厅。

樱子将顺滑的头发别在耳后,慢慢喝了一口咖啡静静地微笑着。"好像步入正轨了啊,华惠小姐,就保持这样的节奏,很快营业额就可以上亿了。""是的,如果这个月营业额稳定的话就达到了,真的非常感谢。那个……我有个问题想问您。今后再提升营业额应该怎么做才好呢?我的想法是卖更多的汉方,可以在店里或者网店出售,提升利润。"华惠怯生生地看着樱子的脸。"您有事业心这非常好,但是很遗憾的是,我觉得您说的很难做到。""为什么呢,汉方是有效果的啊……""只是有效果,人们是不会一直买的。商品不只是要卖出去，让人们持续购买才是最重要的。想要客人需要汉方，想要客人一直购买，不提炼出战略是不行的。""我能想出好的战略吗⋯⋯"华惠叹了口气，看上去很失落。"华惠小姐是个聪明人，肯定没问题。我来换个问题吧，对于普通人来说，汉方就是'药'，药一般是不能一直喝的对吧?""确实，会被问'要喝到什么时候'呢。""没错，而且价格也高，即使知道是好东西，是必要的，但是想要客人持续购买并不那么简单。""是的，但是'汉方沙龙'就是我们的招牌，主营还是汉方。"华惠在这里坚持不让步。"没人说要停止卖汉方，难道你没想过将汉方作为一个突破口吗? 打出'用汉方提高身体的代谢来强身健体吧'的宣传，推荐后每次都让其同时体验汉方和 Hana 的骨盆矫正。""如果是那样的话，我们不还是在用汉方吗?""不是的，经过几次身体状况变好后，一点一点减少汉方是这次作战的要点。""那汉方不就卖不掉了吗!"华惠反应强烈。"不会的，比如说为了替代汉方早餐，用果蔬奶昔或者更方便的保健品，推荐一些别的'替代商品'。""原来如此。不过对于客人来说都需要花钱的，这点与汉方就没什么区别了。""不愧是华惠小姐，反应真的很快。不过是完全不一样的。不管是汉方还是健康食品都是需要另外出钱的对吧。比如每天需要 200 日元（约 12 元人民币）会感觉贵，但是如果是替代早餐的话怎么样?（参看第 41 页'解说 4'）""替代早餐?""是的，是不是 200 日元马上就会觉得很便宜。""您太厉害了。"华惠发自内心地敬佩，整个人已经呆住了。"这样既可以让顾客一直购买商品，还可以赠送喝果蔬奶昔的、印有店里标志的摇摇杯，这样每天看到店名还会再来的。这个战略就是用汉方和按摩做诱饵，出售替换核心商品的早餐奶昔和保健品，怎么样?"

培养客户的"客户亲人化"

为什么樱子能蹦出一个又一个点子呢？华惠的脑海中全是各种各样的疑问。"关键是和客人长期交往，培养客户就要构建亲密的关系，就是所谓的'客户亲人化'（参看第45页'解说5'）。想要做到这些，下面是重点，要好好利用客户名单。""客户名单现在就有。""我知道，但是现在做得还不够，不仅仅是住址、名字等单纯记录信息的列表，还需要记录每个客户的特性和烦恼。""特性和烦恼？确实之前还没有掌握这么多。""要实现有的放矢的服务，这些信息都是必不可少的。只要将这些信息在店员间共享，很快就可以缩短与客人之间的距离。""确实和回头客会聊很多，自然就可以收集到很多信息。每次开全体会议的时候信息共享一下，如果能做成表格的话可以用在各种各样的地方"，华惠拼命做笔记。"这个商业模式如果建成的话，经营就会很稳定了。""谢谢，樱子小姐。但是，我还有很多不安。"华惠抬眼看了一下，樱子正在呵呵地笑。"Hana 的咨询到此结束，华惠小姐一个人也是没有问题的。""啊……"华惠犹豫了一下，直直地看着樱子。"我知道了，虽然还感到很不安，但是既然樱子小姐这么说了，我要加油试试。""营业额突破 3 亿大关，那个时候我们再交流一下吧，一定会很快达成的。""好。那个……这次的咨询费猿渡先生支付了吗？"华惠怯怯地询问道。"还没有呢。"听了这话，华惠的心里一下子踏实了。"那这次的费用我自己来支付，可以吗？"樱子已经用莞尔一笑做出了回应。"其实，我之前还有点担心。因为那个人作为经营者来说确实很厉害，但是也能看出来他对你别有用心。""樱子小姐……我已经没关系了，不用依靠任何人，好好地支撑起这个店和店员们。"樱子呵呵一笑，"总之，如果刚才说的那些能好好做到，连锁店开至全国也不是梦啊，华惠小姐。""连锁？我还没想过呢。"樱子伸出右手，"不，你肯定能做到的，恭喜你毕业了，但是从今往后才是真正的战斗，加油哦。"华惠有说不出的喜悦，两手紧紧握住樱子伸出的右手。

解说 1　目标顾客太集中也不行

怎么样？第 1 章"汉方·按摩沙龙"是一个可以用在包括美发店、餐饮店等在内的"可开设分店型"企业的故事。首先，从最重要的选择目标客户开始说明，当然聚焦目标很重要，但是也要考虑范围是不是太过狭窄。以汉方·按摩沙龙为例的话：

正在备孕的女性＜更年期女性＜因体寒而烦恼的女性＜全体女性

按照这个顺序，越排在后面的人数越多。

如果以女性整体为目标客户的话：

- 因体寒而烦恼

- 因更年期而烦恼

- 因不孕而烦恼

像这样可以面向尽可能多的女性，根据烦恼不同，分类有多种途径，这也是一种方法。为了不让客户流失，有必要让客户持续前来。如果以那些烦恼解决就意味着"毕业"的客户为目标的话，就必须捕获新的客户，这是首先想让大家看清楚的关键点。

解说 2　可开分店型商业的选址会影响经营状况

"汉方·按摩沙龙 Hana" 在没有资金的情况下，在总店没有利润（现金）的情况下又开了第二家店，无论是人还是钱都分散在两处。第二家店与在住宅街中的总店不同，开在了一个综合购物中心里。虽然租金较高，但是综合购物中心有更大的客流，因此不需要花费广告宣传费用，这是一个优点。

事实上，总店还有一个很大的弊端，那就是用第二家店铺的利润在维持总店的运营，要放弃最初创业之地的总店，不仅是社长华惠，对谁都是痛苦的吧。好在华惠的第二家店赚钱，但如果同样没有利润的话，就会资金周转不灵。

对开分店型商业的选址再怎么重视都不为过。开店的地方一旦决定了是很难轻易改变的，一个不方便的地方顾客是不会持续前往的。"汉方·按摩沙龙 Hana"就因为将备孕中的女性作为目标客户，不得不扩大商圈范围，让客人从较远的地方来到店里。如果全靠一己之力招揽客人，宣传页的发放范围要扩大，广告宣传费用就会增加；如果只在周边邮箱中投放宣传页，顾客的数量又远远不够。另外，总店最致命的问题是停车场。店前只能停放几台车，但那不是一个能利用公共交通可以抵达的地方，只能开车前来。第二家店所在的综合购物中心即使不宣传，本身就会有顾客前来，虽然不全是备孕的女性，但顾客的数量是一大优势。

　　樱子在考量了"汉方·按摩沙龙"的资金周转现状后，让华惠排除感情论，放弃了总店。这不仅仅是个案，激进地推进店铺的开张导致毫无利润的事例数不胜数，而且层出不穷（参看图1）。

解说3　无论何种生意都要以成为存量商业（持续收入）为目标

　　大多数的饮食业，或像"汉方·按摩沙龙Hana"这样的按摩业，营业额从月初的零开始到月

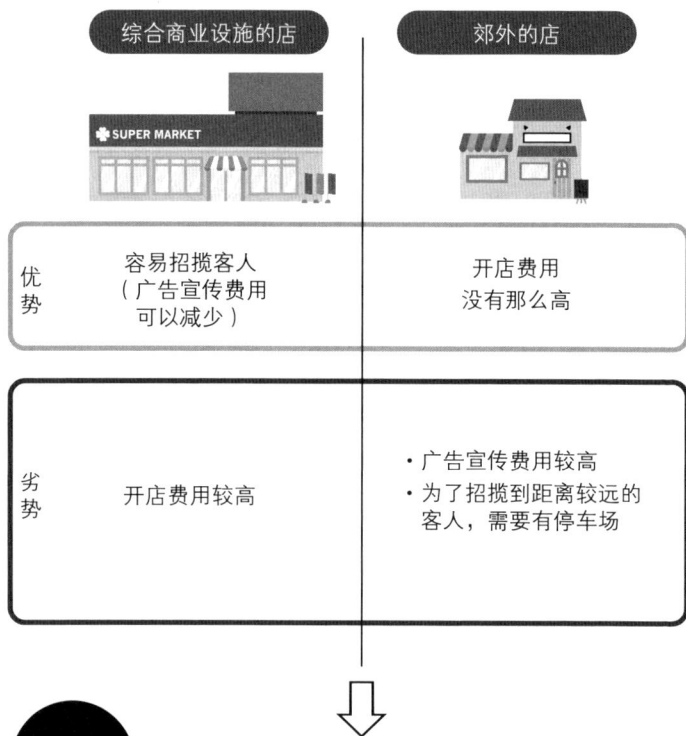

图1　选址地比较

	综合商业设施的店	郊外的店
优势	容易招揽客人 （广告宣传费用 可以减少）	开店费用 没有那么高
劣势	开店费用较高	·广告宣传费用较高 ·为了招揽到距离较远的 　客人，需要有停车场

关键点

· 根据目标客户，选择店铺地址
· 可开设分店型的店铺，"选址"是成功的关键末迎来最高值，然后下个月又从零开始，如此循环往复。有很多企业认为这是理所当然的。另外，也有被天气左右的分店型商业，这种商业确实难做。几年前，东京连续两周周末下大雪的那个月，很多店都陷入赤字。正因为如此，为了要摆脱这样的状况，无论大小，企业或店铺都应该以能定期收入的营业额的存量为目标，构建可以实现的机制（参看图 2）。

比如，传媒公司 Favy 将"非烤烤肉店"开成一家完全会员制的隐蔽的店，开业前以众筹的形式招募会员。套餐最便宜的为 8000 日元（约合 480 元人民币），金额越高享受的福利会越多。共通的地方在于，成为会员后仅需 5000 日元（约合 300 元人民币），一年内烤肉可以随意吃。这就是通过会费来赚取开店的费用。会员就一定会邀请朋友、同事一起来店里就餐，会员又起到了宣传的作用，因此会员成为固定成员时就无须再花费

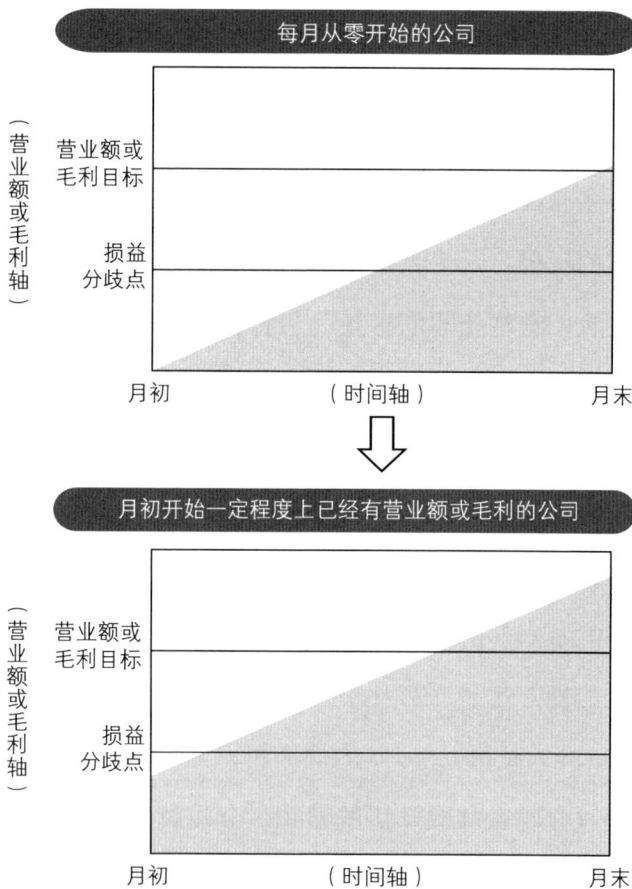

图2 目标是存量商业

每月从零开始的公司

（营业额或毛利轴）

营业额或
毛利目标

损益
分歧点

月初　　　　　　（时间轴）　　　　　　月末

月初开始一定程度上已经有营业额或毛利的公司

（营业额或毛利轴）

营业额或
毛利目标

损益
分歧点

月初　　　　　　（时间轴）　　　　　　月末

广告宣传费了。

这就是存量商业的过人之处。樱子在"汉方·按摩沙龙 Hana"引入会员制，不仅因为增加了预收金使得资金轻松周转，还具有削减广告宣传费、防止客户流失等作用。

每次付钱享受服务或者想要购买商品时，人们都会理所当然地货比三家后才决定。但是会员制的费用是从账户扣除或者自动在卡里结算的，是顾客在无意识的情况下支付的，可以说具有不让顾客考虑或讨论的优势。

但是，如果跟经营者说"请贵公司也考虑一下存量商业吧!"大多数情况下会得到"我们的业务很难构建存量商业模式……"的回答。像这样没有深入思考就放弃真的很可惜。比如一家甜品店，简单想一下好像很难构建存量商业模式，但是绝不是那样的。

我之前写的一本书《如何用 100 元马克杯买

1000 万元房子》(钻石社) 中也曾经提到过，北海道富良野有家知名的甜品店 Pathisuri 成功存量的案例。

那位甜品师一定会向购买商品的客人发送 7 条短信。比如到北海道旅行顺便来购买的客人，就会发送"北海道的旅行怎么样？某月某日开始售卖生巧卷，这款蛋糕有一些独特之处……"的内容，会在客人即将忘却的时候发送 7 次。许多客人就会想起北海道的旅行，产生"还想再去""再买一回试试"的想法。

这是网购中最正确的销售方法，在给会员的成套商品中放入新品宣传册。"4 月是草莓蛋挞和巧克力慕斯、5 月是法式奶酪和玛德琳，我们会每月将应季商品送到您家。"这就是让客人持续支付购买的机制。像这样，Pathisuri 也能会员化。

世上充满了存量商业，即使用"泛滥"这个词也不为过。试着写出来可以让顾客持续支付的服务或商品吧。如果是我，会写电、燃气、水、手机、房租、信用卡会费、亚马逊会员、会计软件、客户管理软件、学费、各种各样的 APP、复印机的保养、电梯的保养……无穷无尽。

无论是什么行业都可以会员化。

不要放弃，总能想出点子，请认真地思考自己公司的存量。

解说 4　为了让客人持续购买的"置换法则"

"汉方·按摩沙龙 Hana"想出售的商品其实是原创的汉方，当然因为比批发的商品毛利高能赚钱，从战略上来说是没错的。但是，樱子对于继续卖汉方的战略给予了否定，因为她知道持续卖汉方，让客户一直持续喝汉方是很难的。通常人们会认为汉方就是药，是不能一直喝的，意料之中，华惠也经常被问到"这需要喝到什么时候呢?"(参看图3)。

中药给人"对身体好,安全"的印象,所以作为改善体质的引子出售是比较合适的。但是非常遗憾,这不能作为持续出售的商品。

大多数的商品,如果不能持续对同一个客户出售的话是无法赚钱的。

这样说的话,应该就会听到"也有像住宅这种高价,只能一次获取利润的商品"的反驳。当然,确实如此。高价商品想达成买卖是很难的,拼命地培养营业员,即使凭借努力、韧性和人格魅力卖了出去,一旦善于营销的员工辞职,一切又重回原点。正因为如此,更有必要详细地构建起能长久持续销售的机制。

在诱饵产品之后打造能持续出售的商品,使用"置换法则"是非常有效的。为什么呢?这是因为,客户对于花钱这件事是有痛感的,为了回

图3　需要将诱饵产品置换成能持续使用的商品

诱饵商品　→　可持续商品

要喝到
什么时候呢？

如果早餐
换成这个
就可以变健康
又方便！
而且感觉可以
坚持！

置 换 思 考 练 习

(例)中药	⇨	早餐
(例)保健品	⇨	甜品
	⇨	
	⇨	
	⇨	
	⇨	
	⇨	
	⇨	
	⇨	

避这种痛感就会停止购买。但是如果是生活必需品等刚需产品，顾客从一开始就有了心理准备，所以痛感是麻痹的，于是就要考虑"是不是可以替换成什么必要的东西"。

樱子对华惠说"要替换早餐"，"汉方·按摩沙龙 Hana 是以关注自身身体的女性为目标客户的"，因此不存在那些认为"不用吃早餐，太浪费了"的人群。如果被告知"本身现代人就是饮食过度，您可以用这个商品当作早餐就可以改善体质"，核心客户都是可以认可这个观点的。这就是个机会。

世间还有很多可以通过置换获得成功的商品。比如卡乐比（Calbee）的人气商品"富果乐水果麦片"，在发售之初只是作为"麦片"销售，结果营业额一般。但是作为可以替换早餐的商品升级后，取得了爆发式增长。如果因为自己公司的商品、服务不能持续而烦恼的企业或店铺的经营者，现在认真地考虑一下，想要出售的商品是不是可以替换成什么别的东西。

解说 5　为了将客户变为"亲人"，要善用名单

先提一个问题：大家的公司或者店铺是否在做客户管理呢？"可以掌握客人的姓名、住址、电话号码或者生日""用顾客管理软件认真管理"。我想会有诸如此类的回答吧。

那么，顾客管理的定义是什么呢？一般来说，就是掌握客人的姓名、住址、电话号码。当然，这个定义比不知道要好些，但如果仅仅停在管理的层面，很可惜是没有任何意义的。客户名单只有使用了才具有意义。

客户名单是经营的资源，说是为了收集名单信息而开展经营也不为过。

以前发生过这样一件事。我的很多学员在经

营电子商务公司，听说有位经营者想要将公司出售，对方调查后，告知他公司最有价值的不是商品而是顾客名单。经营者此前一直以为年营业额规模或者畅销商品决定了企业的价值，得知这一结论后说道"真是大吃一惊啊"。年营业额是会因为低价高量而提升的，问题在于是否能有利润。而且商品即使现在卖得好，但总有卖不出去的时候，这又是另外一个问题。实际上，商品是可以被打造出来的，所以最被重视的是客户名单。虽说被称为客户名单，但名单中的客户数量只是一方面，更重要的是掌握各种属性的客人有多少。对于收购方来说，如果可以与自己的客户属性一致，马上就可以预测出营业额和利润。

总而言之，客户名单不只是显而易见的姓名、住址和电话号码，更重要的是客户属性，比如"具有什么样的烦恼""有什么样的问题""具有什么消费需求""过去购买过什么东西"……有了这些信息，就可以进行预测。

"商业模式课堂"的学员中有一位拉面店老板，他的拉面店位于涩谷，月接待客户数近万，问他是否有客户名单，他说"熟客的长相都能记住，但是他们姓甚名谁、家住哪里却没了解过。店里太忙了，根本没办法问客人的姓名和住址啊"。"这就很可惜了。"

其实这家店有个与众不同的特点，那就是"香气"。横滨的中华街上，炒板栗卖得最好的店会用风扇将香气吹到外面。受到这个启发，这家拉面店做出的"炙味噌拉面"大卖，来的都是喜欢这种气味的顾客，所以可以赠送这些人喜欢的福利，以此来收集信息。确实因为是人气拉面店，在制作客户名单上是需要下功夫的。

例如，来店时扫一下二维码并加上"你也可以成为'炙味噌拉面会员'"的宣传语来收集信息，说不定还能出售熏三文鱼或熏芝士等配料。

"一个月内不限量拉面会员"的定额制可能也会很有趣（这就需要设置不会影响营业额的价格）。

会员化可以一下子拉近与顾客之间的距离。商业原本就是以让客人愉快为目的的，如果知道了客人的喜好或烦恼，公司或店铺就可以诚心实意地、满怀真心地对待客户。如果全是过客，那就无法掌握客人"为什么需要""到底追求什么"这些信息。从结果上来说，就无法有的放矢地提供服务，企业或店铺也会就此失去方向。餐饮店不是"为大多非特定的过客提供餐饮"的，而是"做给知根知底的家人"。既然是家人，就应当知道对方的喜好，而且还会关注其健康。

来我商业模式课堂的"金泽美味寿司"店，以金泽为据点，已经将店开到了东京。木下孝治社长经常对下属呼吁："不会让家人吃的东西就不要提供给客人！"社长带领下属认真挑选原材料，然后真心提供给客人，在这件事上倾注了全部精力。

　　说一个题外话，木下社长有这样一段有趣的经历。他本身不是寿司师傅，在开始餐饮工作前，他曾作为一级建筑师从事设计住宅的工作。听说是怕"如果在金泽失败会影响设计的工作"，所以他在岐阜县开了一家名为"巨料寿司"的寿司店，开始了餐饮生意。"客人就是家人"这一想法正是门外汉才能想到的吧。在存量这个方面，"金泽美味寿司"现在正要做用于网上销售的顾客名单。

　　将客人与家人同等对待的企业必然会更加繁荣。金泽的店经常排长队，等待着的都是无论等几个小时也想要吃到的客人。像这样将客人家人化，首先要试着构建详细的客户名单，努力找到客户的特性。

解说6　无论如何，资金最重要

　　樱子曾说"我想要最近的 BS 和 PL"，看到了

BS 和 PL 就能知道经营的结果，也能预见经营的未来。我在做企业的顾问时首先就要看它的 BS 和 PL。企业不是在"陷入赤字"时，而是在"没有钱"时，就迎来了终结，从这一点来说，现金在经营中占据重要地位（参看图 4、图 5）。

所以 BS 比 PL 更重要，因为 PL 是完全看不到现金流动的。PL 是计算亏损多少、收益多少的，说到底不过是计算税款的。多数经营者以经营利润为目标，这就非常危险。企业是通过"调配、投资、收益"的流程来进行经营的，小规模企业或店铺之所以羸弱，正是因为最开始调配的部分只能使用自己的钱。

· "无贷款经营" 不是美德

事实上，小规模企业的经营者从银行的调配被称为"贷款"，认为无贷款经营是种美德的人占了大半，这是一个严重的误区。这里再强调一次，公司即使是亏损也还可以存续，但是如果存在资金短缺的情况，即使利润有盈余也走不远。为了维持稳定的经营，充足的资金是必不可少的。

如果将投资、收益作为企业的使命，**投入资金越多得到回报的概率也会越高**。创业时应该尽可能多地从金融机构拿到融资，增加手中的现金。然后以最终事实上的无贷款经营为目的就可以了。

电视剧《半泽直树》中的那句著名台词，大家应该还记得吧，"银行就是在晴天借伞，雨天再收回"。也就是说，银行在企业或店铺情况良好时会借钱，但是状况恶化时马上就不会再借钱了，这是很现实的。当你需要钱时，银行是冷漠的。如果站在银行的立场，不想把钱借给那些看起来好像还不上的企业，这也是他们的真心话。

图4 PL（Profit and Loss statement）/利润表

PL 中有五大项目

营业收入

△营业成本

①营业总利润（毛利） ——— 员工的目标

△销售和一般管理费（经费）

②营业利润 ——— 店长（负责人）的目标

± 营业外收支

③常规利润 ——— 一般的社长的目标

± 特殊收支

一般的社长以③为目标，但更关键的是⑤的净利润

④利润总额

⑤净利润（交税后的纯利润） ——— 内行的社长的目标

不缴纳税款，
未分配利润就无法被积攒下来

图5　BS（Balance Sheet）/资产负债表

3 分钟
就能看懂
Balance Sheet

正面左侧的这一列
表示融资来的钱用
在何处

正面右侧的这一列
表示资本是如何征
集来的

运用（用途）	融资
流动资产	他人资本
现金	（短期）应付账款
赊销货款	（短期）借款
库存商品	（短期）其他
其他	（长期）借款
	（长期）其他
小计	小计
固定资产	自己资本
有形固定资产	资本金
无形固定资产	未分配利润
投资等资产	其他
其他	
小计	小计
合计○○○	合计○○○

一年以内可以现金
化的部分

比营业额、利润更重
要的是现金

出售以后可尽可能早
地回收

为了不让库存成为累
赘，要尽快变现

一年以上不能现金化
的部分

要保证时常持有现
金的状态。左侧这
一列要以上面大、
下面小为目标

从他人那里筹措
来的钱

购买后尽可能延迟
支付

银行的借款不要借
短期的，要借长期

自己筹措来的钱

为了开办公司的资
金。尽可能多地投
入资本金

创业期产生利润
后，尽可能从银行
筹措资金，以无借
款经营为目标。右
侧这一列要以下半
身较大为目标

合计的部分要相等。
可以保持平衡，因此也叫
balance sheet

·收钱要趁早，支付要拖后

拜访"汉方·按摩沙龙 Hana"的樱子看到了店铺外的大广告牌和与规模不符的奢侈的装修时，就看穿了"这是过度的设备投资"。又看到了店内展示的各种各样的自制汉方，就有了这样的假设，这种小规模的店却有这么多原创商品，就意味着"现金都用在过剩库存上的可能性很大"。果真，看了"汉方·按摩沙龙 Hana"的流水、BS 和 PL，樱子断定这家店正因为过度的设备投资和过剩的库存，现金越来越缺乏。不仅如此，应收账款也过多。应收账款是指未收的钱，将商品交给顾客"钱可以在下次来店时再给"。这样的做法导致现金减少，甚至威胁到了经营。

经营的原则就是"卖出去了就要尽早收回账款，买的东西要尽可能推迟支付"。实际上，商业模式课堂的学员中有"营业额的回收推迟 3 个月到半年，支付计算到月底，而实际支付截止到下月末""员工的工资计算到月底，下月 10 日前支付"按照这个循环经营的公司，即使有利润，但是公司的现金触底。只看 PL 是不能了解企业的真实经营状况的。

上面提到的这位学员是已经无法从银行贷款的状态，只能让有应收账款的企业尽早汇款，需要支付的企业尽可能拖延，然后员工的工资支付已经有多个月从 10 日调整到了 25 日，就这样又有了现金。

"有多少现金""有多少库存""设备投资了多少"这些都记录在 BS 上。所以，经营者就要盯着 BS 寻找对策。

希望大家能够理解，看 PL 但是几乎不看 BS 的经营者是很危险的。

第 2 章

适用于各行业的会员商业

波叶健一是小型电器店的第三代传人，他最近很烦恼，家电产品卖不出去，现在是依靠油烟机的更换服务维持营业额的状态。但是好在使用了"诱饵法则"，轻松达成亿元的营业额目标！那么，这个电器店是用什么作为"诱饵"的呢?

——某站前商业街的电器店——

"老板，还是老样子啊。"

"啊，樱子小姐! 好久不见了! 看样子有好事啊。"

"算是吧。"

在聚集了众多公司职员，熙熙攘攘的"大众居酒屋"的吧台前坐下，樱子没看菜单就下了单。

店里九成以上是结束了工作的中年男子，樱子在其中十分显眼。在黑、灰、藏蓝等深色系中，身着浅粉色连衣裙，脚踩高跟鞋的衣着华丽的女性就好像在聚光灯下一般。她本人并不介意，一副若无其事的表情。

"最近都没怎么见你，我还跟我老婆说你肯定是又在忙了。"

"哎呀，我居然还能出现在您夫妻的谈话中，荣幸啊。"

"樱子小姐可是我们的女神啊。"

"哎呀，可别这么说。"

其实这也是靠樱子的指导业绩回升的一家店。原本默默无闻的一家店，如今靠着 30 坪①（近百平方米）面积的 40 个席位，月营业额达到 850 万日元（约合 51 万元人民币）。这是一家每坪月收

———————

① 坪是日本计算面积的单位，1 坪约 3.3 平方米。

入超 28 万日元的超人气店，也是樱子让它轻松破亿的。

　　樱子放在桌面上的手机显示着"汉方·按摩沙龙 Hana"的华惠发来的信息。说是营业额终于突破了 1 亿日元。虽然是意料之中的，但是想象着对方喜悦的样子还是让人高兴，让樱子心中充满了自豪感。

　　"今天要给点小福利。"老板一边说着一边端到樱子面前的是常点的日本酒和烤鳐鱼翅，附赠的是一份腌黄瓜。"谢谢。"咬了一口炙烤过的鳐鱼翅，香味在口中蔓延，马上就一口日本酒。"还是您这里让我感到安心啊。""樱子小姐，跟您的外貌不符，对食物的喜好很像大叔啊。""这句就多余了。""那还得再说两句啊。""哎呀，老板！"料理的水平就不用说了，与店主开开玩笑，对于忙碌了一天的樱子正好也是一种放松。樱子就着喜欢的小菜喝着酒，正想着再喝最后一杯的时候……

"所以说啊，我们公司已经不行了，只能关门了，已经没有其他的选择了。"樱子斜眼看了看说话的人，从听到的内容来分析，这位肯定是个经营者。年龄嘛，大约 35～40 岁，看起来比实际年龄年轻些，大概是从来没吃过苦的缘故吧。看起来好像醉得不轻。听他说话的是两位比他年轻的男性，一边用"嗯""是啊"应和着，一边苦着脸喝酒。

"我跟你们说，小型电器店已经要完了。从父亲那里继承是很好，这个时代啊，已经没有人专程来我们这里买家电了。而且，我啊，一点也不懂经营的事，已经不行了。你们也不用管我，早点辞职比较好，不用再顾及父亲的人情了，啊……""虽然你这么说，但是大哥……""是啊，而且我们也担心父亲。"好像是弟弟的两个人如此说着。

一直听着男人说话的樱子，看着右手举着的玻璃杯，小声嘀咕道，"在部下面前抱怨公司经营不善，这个经营者不合格啊。""啊？你，说什么？"带有怒气的男声响起，樱子转头直直地看着他的眼睛。

"从刚才开始我就一直听，啰啰唆唆，啰啰唆唆……小型电器店不行了，这是谁定的？"樱子穿透性的声音引来店内众多目光。"啊……啊……"男性面色赤红的，想要说些什么，弟弟们同样张着嘴看着樱子。

"你是个经营者吧。""那，那你又是谁啊？"端来饭菜的店主走到两人中间，"波叶先生，我这么说比较失礼，但是这位是您比不了的。这就是我之前跟您说过，救我们于水火之中的，非常厉害的老师。""哦哦，那个老师竟然是女的？"这位叫波叶的嘟哝了一句，然后忙用手挡住嘴，挺直了背看向樱子。"初次见面，Namiha 电器的第三代继承人，我叫波叶健一。让您看见我不堪的一面，真的是不好意思。老师，我已经从老板那里听了不少您的事。"健一与刚才的态度完全不同，突然对樱子非常尊重。

"你是识时务的类型啊……"有些惊讶，樱子静静地开口了。"我不喜欢别人叫我老师。话说，可能有些突然，你公司的规模是多大呢？""规模？""那，营业额呢？""啊？营业额……鼎盛时期超过1亿日元，嗯……最近大约6000万日元吧。前途真是一片黑暗啊……"

可能是醉了，也可能是被樱子的眼神压倒，健一也不顾其他客人都在听，直接说出了数字。随着他的叹息，两位弟弟也低下了头。"不要一副焦躁的表情，你们再怎么说也是做生意吧，要想客人来不乐观些怎么行。""嗯……"看着愁眉苦脸的健一他们，樱子想也没想地说道，"我已经知道了，尽快帮助你们，让公司回到营业额过亿吧。明天10点后我有30分钟的空闲时间，如果你有意向的话就来这里。"樱子拿出名片，举到现在还愣着的健一面前。"说什么要回到营业额过亿，那么容易赚钱就不用那么辛苦了……"听着没出息的话语，樱子微笑着说道："哎呀，赚钱很简单的。"听了这话，店主笑了起来。

"如果真的想重振店铺的话请一定来，我会帮您想办法的。"说罢，樱子从钱包中拿出钱，递给老板。"老板，在您这里吵吵闹闹不好意思，我下次再来。""那我等您哟，老师。"老板调侃道。"老板……""好了好了""那再见了，感谢您的招待。"店里的客人目送着爽快离去的樱子的背影。

"真是个美女啊。"健一又看了一遍名片。"经营顾问远山樱子"，在旁边看到名片的二弟，同时也是下属的慎二看起来很担心地说："怎么办，大哥？你打算去那个女的那里吗？"另一个最小的弟弟大口吃着厚蛋烧，一改刚才沮丧的脸悠闲地说："但是去了也是被训吧。""我以前也是个人物……""啊，大哥从前就很怕强势的美女。"健一把名片恭恭敬敬地收到钱包里后，干了剩下的芋烧酒。

"嗯，说不定是个可以改变现状的机会。"

大型家电量贩与个体小电器店

"怎么了樱子小姐？是谁要来吗？"下属河田勇人一边整理下次讨论用的资料一边说。樱子这才发觉自己好像总是下意识地看表，樱子听了有些不好意思，"啊，也没有。""又来了，你这明明就是有什么的表情啊。"

32岁的河田，两年前开始师从樱子，现在是樱子的得力助手。最近凭借像下象棋一般预见未来的营销方式捕获了众多经营者的心，是一位可以拿到新案子的优秀社员。他直觉的敏锐程度也是首屈一指。

"10点可能会有客人来。""可能……吗？""是的，也可能没有。""哦……""嗯，我感觉应该会来。""樱子小姐，莫非，又是你从外面拾回来的?"
"拾回来?""这之前，不是重振了常去的那家咖啡店的经营吗? 樱子小姐您不管在哪里想的都是经营相关的事。""你这话有点失礼了啊，这不是理所当然的嘛，我可是经营顾问啊。"听了樱子的话，河田充满玩笑意味地缩着脖子。"啊，好像来了。"河田注意到门外的脚步声，打开了门。

　　"您来了，请进。"健一对樱子尊敬的措辞感到过意不去，深深地行了礼。"昨、昨天我那么咋咋呼呼真是不好意思。那个，我确实有要重振店铺的想法，请您一定要帮我。"樱子与河田不自觉地相互看了看。"波叶先生是吧? 请您把头抬起来。我不太习惯这样，我们还是敞开聊一聊吧。河田，会议室应该空着吧?""是的。"听见樱子和河田的声音，健一抬起头，他正在整理领带。"总之，我已经决定追随老师您了。拜托您了。""那个……""啊，对不起，追随远山老……小姐了!"可能带回来了一个比较麻烦的客户，樱子一边想着一边看向河田。他也正苦笑着看着樱子。

波叶健一，38岁，是创业64年的"Namiha电器店"的第三代继承人，与两个弟弟共同继承家业。到父亲那代为止营业额还不错，健一就任社长后一直不理想，主要原因是家电量贩的出现，当国道旁的全国连锁量贩店出现后，营业额急转直下。

为了抵抗量贩店的低价战略，健一一直苦战，但不料电子商务的普及又加速了营业额的下跌。近年来，实体店体验、网络上购买的"展厅销售"不断增加，就连量贩都深感竞争压力巨大，更何况是个体的小电器店。

曾经因为竞争打价格战，销售得越多，经营状况反而越差。当领悟到价格并不能在竞争中获得胜利时，健一觉得已经没有胜算了。现在，虽说多亏了祖父、父亲那个时代积攒起来的客户，店铺仍开着门，但剩下的只是慢慢地腐朽。健一之前就是这样想的。

原本，他也不想成为社长。小麦色皮肤、雪白的牙齿，整齐的眉毛，大学期间热衷冲浪运动，对自己的体力十分自信——被称赞为"小鲜肉"的自己，居然要继承一家微不足道的个体小电器店。虽说有这样的不满，但是除此以外还有什么可做的吗？健一心底的某个地方时常有不甘。冥思苦想后得出"我只能待在这里，作为长子看清局面是我的工作"这一结论。自从当上社长后，健一一直重复消极想法。但是，健一原本是开朗乐观的性格，一旦设定了目标，就有勇往直前的力量和耐性。无论如何都要打破现状也是他的真心话，今天来访问樱子，也是因为健一有种直觉："这位小姐也许不但能改变公司，也能改变我这个人吧。"

"那我就不客气了。"被请进会议室后，拿起端上来的茶，可能是因为紧张而口渴，健一一下就喝完了。终于感觉松一口气的时候，樱子开始说："您想要重振公司？""啊，是、是的！""但是……我要先说一下，咨询费可不便宜哟。""啊……""但是，我绝对不会让你后悔的。""嗯……其实现在的我确实没有信心能月月付得起咨询费，但是，想让远山小姐帮忙看看倒是真的。嗯……对了，比如，那个……"健一搔着后脑勺看了樱子一眼，"比如，每月我会来拜访远山小姐，然后商业上的事我自己学习，然后您给我一些建议，这样的形式咨询费您给我稍微便宜一些可以吗？"樱子一时不知道说什么，碰到这样的交易还是第一次，但同时她也感觉到"真是个有趣的男人"。

"哦，行吧。我的建议可是很严格的，你能跟上吧？""当、当、当然！然后营业额破亿的时候我会向您发出正式的咨询邀请。"健一挺直了脊背坐在椅子上，深深地鞠了一躬。

首先应当找到"诱饵"

"那么，我们就开始吧。昨晚，您说现在的营业额大概在 6000 万日元（约合 360 万元人民币），确切的数字知道吗?"

"嗯……嗯……"

"您这个表情是说数字什么的从来没看过吧?"

"财务的人在管……"

"果不其然啊。"

健一不好意思地缩了缩脖子，"看了也不太懂，这些全权交给了财务和税务师，我就是听一听每天的业绩……"

"就这样，您还说公司好啊坏啊的，营业额的数字看起来也有些奇怪……当然比营业额更重要的是利润，但更更重要的是现金。如果不好好研究这些数字的话……"

"我，我都不知道。但是，看到客人都不来就知道状况不好了啊，真的是门可罗雀。"健一的话让樱子笑了起来。"遇到一个不看数字的社长，作为你社员的弟弟们真可怜啊。""啊，是的。我今后会好好学习的。"健一呵呵笑起来，仿佛樱子的责备让他很开心一般。

"关于波叶电器，我昨天也简单调查了一下，从您祖父那代开始至今，在附近受到大家的喜爱。"健一听了又振作了精神，樱子接着说，"啊，是的。但是现在基本上新顾客数为零，客人年龄几乎都在55岁到65岁之间。"

"这个年龄段的客人喜欢买电子产品吗?""不喜欢，跟年轻人相比，完全没有那种'出了新产品我就要换'的感觉。所以，最近都是换气扇，也就是油烟机的更换业务，现在我们已经不是电器店，而是街道上的帮扶点。怎么样才能回到全盛时期呢?"

"继续这样不就好了？"听了樱子的话，健一抱着胳膊身体前倾。"刚才……哎？您说什么？""工程，只要把工程扩大不就好了？""我们，可是一家电器店啊，远山小姐。""是的，我知道啊。""电器店做工程？""是的，因为你们对自己的技术很有信心吧？"樱子微笑着点头。"不仅做油烟机的更换，也做厨房改造的工程不就好了？""啊？""那些大型家电公司不是也在做整体厨房吗？""那倒是……""对啊，不仅是厨房，厕所、浴室等房屋的改造也可以做啊。""不不，这些都不是我们作为电器店的工作吧，这是装修公司的活儿啊。"健一连忙摆手。这个人手势夸张得令人看着厌烦，但樱子总觉得讨厌不起来。

"是吗？建筑公司松下住宅空间是松下的分公司吧，电器公司做与家相关的事一点也不奇怪（参看第 92 页的'解说 1'）。""话虽如此，但是……""建造房屋很困难，首先试着从装修拓展业务开始怎么样?""但是，要怎么做呢?"健一不太理解樱子的意思，抱着胳膊提出疑问。可能是因为想不出答案而焦虑的，他都开始抖腿了。

关键词是"存量商业"

"波叶先生，您应该知道，胜过您的大型量贩店最近也无法提升利润了吧?""是啊，网上购买便宜东西的人越来越多，实体店已经成为'展厅销售'的线上场所了。""没错，只卖家电已经无法获取利润了。""正因为如此，远山小姐您……""关键词是'存量商业'。""存量?"健一的头顶仿佛浮现出大大的问号。

樱子从凳子上站起来，走到白板前。"企业为了提高收益构建的商业模式，可以分为流量商业和存量商业两种。"只是点头附和的健一被樱子问道:"不用记笔记吗?"健一马上从包里拿出了笔记本和笔。"流量商业是按照顺序构建客户关系，做出与时间点符合的决策而产生收益的形式；而存量商业是积蓄型的营业额或收益形式，圈住客户提供持续性服务，长期获取收益的。比如'会员制'就是一种存量商业（请参看第 98 页的'解说2'）。"为了能跟上语速较快的樱子，健一拼命地记录着。"这两者之间有较大的差异。"

樱子在白板上画了个图表（参看图 6）。"流量

图6　流量商业与存量商业

	流量	存量
是何种关系	每次构建与客户的关系提升收益	圈住客户，积蓄型营业额，具有收益构造
做何种工作	一般的零售、普通的交易	会员制、收费型商业
优势	一开始提升营业额的可能性较高	可以预见一定程度的营业额，营业较稳定
劣势	因为无法期待持续收入，经营很难稳定	顾客数量没有增加，营业额也无法增长

商业"从一开始就提升营业额的可能性非常高，但是也有缺点，您觉得是什么?""嗯……针对客户当下做出的反应，一旦服务结束，不能获得持续的收入吧。""您这不是也知道嘛，回答正确。"面对突然的提问，健一的回答虽然有些语无伦次，但还是让樱子感到佩服。"呵呵，谢谢。"看着讪笑着的脸，樱子在心里嘟哝了一句"我收回之前的话"。

"那我们继续。与流量商业不同，存量商业要先捕获客户，这需要花费大量的时间，但是之后只要捕获到客户就可以预见到稳定的收入，这是它的优点。""原来如此。""日本的中小企业中，几乎都是流量商业。为了把商品卖出去，制定计划，一旦卖出去了，又需要为不同的客户制定新的计划，如此反复。这样是很难生存下去的。"

为了出售商品在宣传页上倾注心力，站在店前招揽客户，也还是没有效果，追求流行的年轻人很快就会重新购买家电。为了吸引这些人，让弟弟们创作流行歌曲或是改变店面的布局，但是即使卖得好，也只是一时的，不能促进顾客的持续性购买。因为一直做得不顺利，所以就觉得个体小店的时代已经终结了。"远山小姐，您的意思是不是说，之前我做的那些事都毫无意义呢？"面对失望万分的健一，樱子温柔地说道："这个啊，波叶先生具体做了哪些努力我不知道，但是哪个都没有见效，那是因为都没有跳出流量商业的框架。"樱子继续说："但是，也还有救，你不是还在进行油烟机更换业务嘛。""哎呀，真是的，那怎么能是解决方案呢？"可能是感觉又回到了原点，健一的语气变得强硬。樱子拢了拢头发笑了。"因为有机会通过这个业务转换成存量商业。""什么？"健一不知道樱子接下来会说什么。

"诱饵"就是油烟机的更换

"转向存量商业可以用更换业务作为诱饵。""诱饵?""首先,捕获客户是需要入口的,这个入口就是油烟机更换业务。这样就可以将光顾Namiha电器的客户储存起来。""好像懂了,又好像没懂……"健一好像全身无力般靠在椅背上,看上去没什么干劲。油烟机更换业务到底怎么才能储存客户呢?这样真的就可以提升营业额了吗?健一一定是在思考这些问题,樱子已经觉察到了。

"总之,不要想着怎么卖电器,请试着努力去解决困扰大家的问题。""樱子小姐,那您说的改造……"正说到此处,响起一阵"砰砰"的敲门声。"樱子小姐,再不出发,就赶不上后面的行程了。"听了河田的话,樱子看了看手表,才发现自己过于投入以至于忘了时间。"今天没有时间了,总之请您要比之前更多地推出油烟机的更换业务，这样就可以吸引客户，然后是厨房改造，推荐客户重新购买厨房的电器。"樱子说得特别快，健一拼命做笔记，不漏掉一字一句。

"你看，你说五六十岁的顾客大多数是要更换油烟机吧，那也就是说有大量的、年代久远的厨房。去更换时能不能试着跟客人说'厨房的门也坏了啊，要不要把厨房整体改造一下？现在在我们这里更换油烟机的客户改造厨房的话是有折扣的。'""啊，好的。"健一拼命记笔记，但是完全不理解其中的意思。

"然后，如果可以捕获客户，下面就是'顾客的会员化'了。比如……那个，推出每年交纳会费 12000 日元（约合 720 元人民币）就能成为会员，有几种小工程就可以免费。空调的清理之类的可能就不错。""现在通常价格在 2 万元左右呢。""让客人觉得成为会员很划算，就必须提供一些类似的东西。除此以外，作为会员福利，设置一些家电折扣也不错。""原来如此，考虑到发放宣传页的费用的话，还是给来购买的客人打折效果更好呢。""这些福利捕获到客户，我们假设会员有1000人吧，然后呢?""太厉害了! 12000 元×1000人，每年1200万的营业额就有保障了!"听着健一这么说，樱子笑了起来。

"正是如此。这就是存量商业的根本。那今天就到这里吧，下次放在一个月后吧。"说着话就要从座位上站起来的樱子被健一急忙拦住。

"稍等一下，最后还想问个问题。""什么问题?""那个，一旦改造的话会有将厨房整个更换的情况，那样的话我应该从哪里进货呢? 我们店还没有整体厨房，毕竟是电器店。""波叶先生……这个……您是认真的吗?"被健一惊到的樱子一下吐露了心里话。"什么?""这不是一想就知道的嘛，去企业问问怎么才能进货不就好了?"听了樱子的话，健一好像也有点着急了。"是，是啊。等会儿我就打电话去问一问!"他搔着后脑勺，装作下定决心的样子想要蒙混过关。樱子心想，挠头应该也是有内疚的心情吧。"那个，电话现在就能打吧?重要的事情不要拖后，不然是无法改变现状的。"樱子用纤细的手指，指了指健一胸口口袋里的手机。"啊，是、是!"健一考虑着樱子已经没有时间了，还是给供货商打了电话。这时他一边注意着樱子的表情一边频频点头。

"怎么样了?""啊，啊，那个，说是进货很简单。""是的啊，波叶先生，总是有畏难情绪可不行啊，要想着没有不可能的事，然后去努力。""嗯，像您说的那样……"健一像刚才一样频频点头，就像一头"赤牛"①。"而且，把客人带到展厅去，设计师还可以帮忙提案和设计。""刚才在电话里也

_____

①　日本福岛县会津地区的民间玩具，用纸糊制而成，全身被涂成红色，头可以摆动。

告诉我了……""嗯，那就先按这个来做吧，你一定能发现后面需要做的事。"樱子说完就急忙出了会议室。

"啊，请等一下。"健一匆忙将笔记本收到包里以后还想要继续，在门关上前又回到了白板前面，"存量商业……吗？好，那就试试吧。"

"漏斗法则"让实现 V 字恢复不是梦

刚从樱子的事务所回去，健一马上向弟弟们传达了一件事，就是"首先更换油烟机，然后接受厨房改造业务"。"又是跟往常一样突发奇想"，两个弟弟一开始都是厌烦的表情，但是逐渐被哥哥现学现卖但认真的话语折服，马上决定制作"油烟机更换，现在大减价"的宣传页，在当天回家路上投递到附近每家每户的邮箱中。第二天，三个人分配了各自负责的区域，找好时间再继续发放宣传页。一周后，发生了变化。

"能来帮我看看我家的换气扇吗?"有客人来了。

虽然不是来买电器，但是自己的行动有了结果，弟弟们的脸上充满了干劲。来的是一位 63 岁的女性顾客，她以前就常来。换气扇换好后她笑着说:"换气扇总是咯哒咯哒响，太吵了……下定决心让您给换了真是太好了，我家什么都有年头了，我也上年纪了，这个房子也上年纪了。"

"这个厨房真是有年头了啊，门也没办法完全关上……把整个厨房都换了怎么样? 还带洗碗机很好用的，现在正在打折。"弟弟们劝她进行改造。看到焕然一新的厨房，顾客很高兴:"能在这么漂亮的厨房里做饭，好幸福啊。"然后就会邀请朋友到家里，向他们展示新厨房。见到的人蜂拥而至，也想换换自家的厨房。"这条路应该能行"，健一确信。

一个月后。"你好，上次慌慌张张的，不好意思。""没有，哪里，我受益匪浅。"健一又一次拜访了樱子的事务所。"远山小姐，今天您穿的是裤子啊，也很适合您。"樱子已经感受到了健一表情的变化。和一个月前完全不同，健一已经有了经营者的光环。"保卫公司""保护家人"的气概已经从表情上流露出来。

"波叶先生，已经开始变好了吧?"樱子刚提起，健一就开心地说了起来。"能看出来是吗? 按照远山小姐说的，我们大力宣传油烟机的更换活动，希望能重新改造厨房的客人一直在增加，居然是老客人在帮我们介绍新客人。一开始半信半疑的弟弟们也觉得'这太厉害了'，最小的弟弟已经买齐了一套工具，充满干劲地做改造。"

"哇，那可是一个大变化啊!""是的，连我自己也没想到，居然能有这样的变化……但是，我觉得只是这样是无法将营业额提高到 1 亿的，而且也没办法跟您之前说的存量商业联系起来。""是啊。""所以，今天我想正式向您提出指导 Namiha 电器的请求，我自己也会认真学习，可以吗？"说着，健一从座位上站起来，两手交叠在前面恭恭敬敬地行礼。樱子脸上浮现出温和的微笑。"我当然接受，但有一条希望您能和我约定，可以吗？""当然，什么都可以。"樱子沉稳的话语吸引得健一马上抬起了头。"我说的事一定要执行。有可能您会觉得'这怎么可能做到'，但是也要做。如果不能遵守这个约定我会马上停止顾问一职。可以吗？""我已经决定要追随远山小姐了，这对我来说不值一提！无论什么都会按您说的去做！"樱子不知为何，觉得站得直直的健一很像忠犬八公。

个体小电器店捕获回头客的方法

"嗯，怎么说呢……您可以再随意一些，波叶先生。""好的，弟弟们说'营业额到 1 亿还是挺难的'，我相信借助远山小姐的力量绝对没问题。""当然了，我可是专业的。"樱子竖起了食指。"赚钱很简单的，马上就能突破 1 亿，我向你保证。"樱子的话像经典台词，健一听了痛苦地扭了扭身体。

"迅速一亿""是的，我一般都说称为'速亿'，也请将这个作为公司的口号。""速亿……我明白了。"樱子对着再次行礼的健一笑了笑，站到了白板前面。

"那么今天一起来确定一下让 Namiha 电器发展的机制。我会讲得比较快，但是为了快速达成目标请您一定要跟上啊。""好的!"健一又坐到椅子上，马上从包里拿出了笔记和笔。笔记中记录的咨询内容和解决方法，好像展示着健一这一个月的变化，樱子看到健一的成长非常开心。

樱子首先在白板上画了一个漏斗的形状（参

看图 7）。"远山小姐，那是什么?""哦，这个啊，是 Namiha 电器应该以此为目标的过程。""这个倒三角的形状……""是的，必须要储存客户，因此，就需要这个'漏斗法则'（参看第 102 页的'解说 3'）。"健一虽然一副认可的样子，但其实脑中一片混乱。

图 7　Namiha 电器的"漏斗法则"

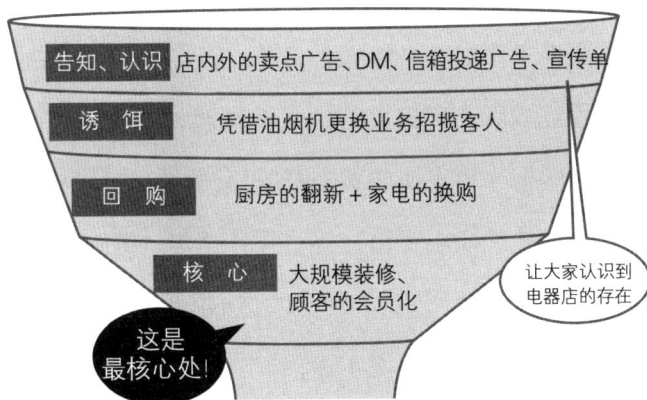

告知、认识　店内外的卖点广告、DM、信箱投递广告、宣传单

诱　饵　凭借油烟机更换业务招揽客人

回　购　厨房的翻新 + 家电的换购

核　心　大规模装修、顾客的会员化

这是最核心处!

让大家认识到电器店的存在

"首先，一个月前波叶先生已经在商业街中向大家告知了更换油烟机的事情，对吧?"樱子在漏

斗的最上方，也就是最广口的地方写下了"告知、认识"的字样，在其下方写了"诱饵"。"问一个问题，'诱饵'是什么?""是，是油烟机更换业务。"健一像小学生一样突然举起右手回答了起来。"没错，到这里为止我之前已经都说过了。那么，靠更换油烟机这个诱饵吸引来的客户应该推荐什么比较好?""那个……厨房的改造。""是的，特别是女性，很多人一旦改造了厨房就会想重新购买电子产品。""您这么一说，确实……"在更换工程完成后，确实会听到女性顾客说"挺难得的，要不然把冰箱也换成新的吧""家务越来越轻松了，想把微波炉换成蒸箱"等。樱子莞尔一笑，"诱饵"下面又写了"回购""厨房改造+重新买家电"(参看第107页的"解说4")。

"啊!"凳子挪动的声音吱地响起，健一应声起来。"因为油烟机更换，这个乍一看跟电器店没有关系的事作为'诱饵'，让来我们店买电器的客人增加了!""对啊，首先让大家知道这件事，作为诱饵抓住客人的心，然后再引导他们买家电，就可以增加 Namiha 的回头客。""太厉害了，远山小姐果真是天才啊!" 对着像孩子一样雀跃的健一，樱子苦笑着继续说:"这些还只是开始。不二法门在这里。" 她指着漏斗图最窄的部分。"按之前说的，大型改造和……'顾客会员化'吗?""是的，要宣传我们也接受大型改造的工作，这样就不仅是厨房电器，还能够售卖家中用水的地方，比如厕所、浴室之类的更高金额的商品。这样可以捕获客户的话，马上就能实现'顾客会员化'，开始做到真正的存量商业。" 一个接一个的点子让健一能做的只有点头附和"原来如此"，就像个玩偶一般，一个劲地上下点头。

"从回头客里收取会费抓牢他们……" 樱子在白板上写下"顾客会员化"。健一立刻说道:"哦、哦，这个就是上次您跟我说的 12000 元会员费的事是吧?""是的,从诱饵开始运用所有的一切抓牢客户,然后就可以开始存量商业了。""厉、厉害啊!"应该是脑海中的散点一下被一条线连起来的感觉吧,健一一边发抖一边快速记笔记。"'漏斗法则'的解说,大致就到此结束。"樱子放下笔,坐了下来。

店铺的粉丝来负责营销

"但是,远山小姐,我还有个问题想咨询一下。"健一一脸严肃地靠近坐着的樱子。"我们现在没办法增加新的人手,或者说,让那些来应聘的兼职人员去做改造的营销或咨询总觉得有些不安……""哎呀,那不是很好嘛,用兼职人员。""啊?""让客人来兼职做营销不就好了?购买的人应该会更客观地了解店铺,而且也知道厨房是否好用,可以说出实际用户的评价,说出'其实我也是 Namiha 的客户'，会让客人感到安心吧。谈笑风生间已经让客人与店铺之间产生了接触，我觉得全是好处啊。"樱子那好似说"这是自然的吧"的口吻，让健一听得入迷。

"波叶先生，你觉得怎么样？我觉得这样是不是就能看到 Namiha 电器业绩回升的路径了?""是，是的!""要能做到如此，凭借口碑 Namiha 电器就可以声名远扬了吧，即使不做营销也没关系。"健一看看白板上写着的"漏斗法则"，又看看樱子的脸。要改变 Namiha 电器——健一按捺不住心中的兴奋又一次站起来，拉住樱子的手。"远山小姐!不，樱子小姐，你就是 Namiha 电器的救世主，不，是女神! 我这一生都侍奉您!"健一毫不客气地握住樱子的手上下摆动。

"我……不需要人侍奉我……波叶先生最重要的还是思考怎么让客人获得幸福。""哎呀，这个口吻，真让人着迷。""你……"河田的"你又从外面拾回客户"的台词又出现在脑海中，虽然也觉得很麻烦，但樱子确实对 Namiha 电器充满了期待。她相信这个商业模式绝对行得通。"总之"，樱子总算让健一松了手，她认真地看着健一，"今后还有很长的路，关键是要在 Namiha 电器实施我说的这些，您能做到吗?""当然可以! 为了樱子小姐，我什么都能做到。""我都说了，是为了客人……"就这样，Namiha 电器的波叶健一也被列入了樱子的客户名单。

解说1 固定观念固化了业务范围

用"固有标准"来经营的企业或店铺数不胜数，他们总说"我们是某某行业"，波叶电器的健一也是其中一人。"因为是个体的小型电器店，就要销售电子产品，工程不是我们的工作"，这样的思考方式，真的好吗?

我经常说"请将不同的行业和业态组合在一起"。第 1 章中的"汉方·按摩沙龙 Hana"就是"汉方+按摩"。这个组合非常好，销售汉方的人会给客人开汉方并让其饮用，可以调理身体；按摩是通过一些措施达到恢复的目的。用完全不同的思考方式达到改善体质的目的。也就是说，通过这样的组合，可以提高两者的准入壁垒。做生意就必须建造准入壁垒，要创造出只有自己公司才能做到的东西。

电器店如果销售相同的商品，品种越多越有利，或者便宜也可以卖得好。客户肯定会流向比个体的小型电器店品种齐全的大型店和价格相对较便宜的网店。所以，对 Namiha 电器来说，就需要找到让客人来自己店中购买的理由。于是，樱子对健一说要增加"工程"。大型店或网店都擅长便宜出售商品，但是如果需要进行细致的工程，网店就无法应对了。特别是波叶的目标客户年龄层，对于专程让大型店来改造这件事应该会很犹豫，因为他们之间没有任何人情存在。这一代人的情感需求是"尽可能让一直有来往的个体小电器店来做比较安心"，不希望不认识的人贸然进入自己家中。

不用重新去找附近的装修公司，而是交给熟悉的 Namiha 电器进行换气扇的工程，难度一下子就降低了。健一以前完全不理解核心客户这个年龄段的心情，即使接受了油烟机的一些工程，也达不到全盛期的营业额，反而只是把这个当作"诱饵"来思考比较好。健一只看到了眼前，所以没有这样的想法。樱子提出一个假设，顾客将换气扇更换成油烟机，说明厨房已经年久失修了。会有人只更换油烟机，但是很难想象会有人不更换换气扇，却改造厨房。

对于女性来说，厨房就是一座城。让幼小的孩子吃上自己做的饭菜，将他们培养成人；支持

年轻的丈夫，既抚养孩子也一直照顾家人的健康，
丈夫人至中年，换成可以预防啤酒肚的饭菜……
这是映射了家族历史的厨房，对女性来说是特别
的场所。

怎样获取厨房工程的订单

为什么 Namiha 电器能如此顺利地接到改造订
单呢？前面没有详尽的描述，现在我们来详细地
说说吧。樱子曾对健一交代，对想要更换换气扇
的太太，在工程中要如是说："换成油烟机后打扫
就会轻松了呢。"然后看着厨房，"这个厨房也有些
年岁了啊，连厨房一起改造一下怎么样？工程也
很简单"。太太们就会有些心动，然后再继续说，
"您也为了家人努力到现在，孩子今年要结婚了
吧！您先生肯定也是感谢您的，厨房就是给您的
奖励。您提出想要改造厨房，我想是不会受到反
对的"。太太一定会想"是啊，当然了"。这是对

人妻的认可，是自己一直以来努力的证明。人本来就是想要得到认可的生物。"今天我家那口子回来我就跟他说。"到了这里，只要把推荐的厨房广告册放下就行了。

先生回来，好心情的太太说："今天更换了坏掉的换气扇呢，想顺便改造一下厨房。说是更换成油烟机就可以给改造厨房打折呢。""嗯？要多少钱？"说出这个台词的先生，很遗憾就踩地雷了。"不行吗？我一直很辛苦，孩子也长大了。就连你也是，因为有我你才能投身到工作中，没有带孩子，什么家务都没做!"这后面的对话你能想象吗？为了不让这颗大雷爆炸，世上所有的丈夫都会这样说，"我没有说不行啊，就是问一问多少钱，只要你喜欢就可以。""那我当然要改了。"看吧，其实很简单就卖出去了。

不仅如此，女性在厨房改造时，肯定会想将老旧的电器都更换掉。洗碗机嵌到厨房里，冰箱、电饭锅、微波炉所有的一切都想重新购买，然后会发展成"壁纸也想换掉，地板也换新的吧……"甚至想改造厨房外的房间。变美丽的厨房让太太心情好，她们一定会想邀请朋友来自己家。"我家的厨房重新装修了哟，要不要来喝茶啊？"看过的朋友说"真好啊，好羡慕啊"。"说什么呢，你也改造一下不就好了嘛。因为我们培养孩子，支持丈夫，一直在努力才有了今天。我给你介绍一家靠谱的电器店。"你看，即使不说也会向朋友推销你的店。

可持续改造和一次性改造

之后，健一就如樱子所说，顺利地拿到了厨房的改造订单。但是，有一次他无精打采地来说，从那以后就没有进展了。"你都做了什么改造？""啊？最近，热水器的工程比较多。""笨啊，怎么能做热水器。"知道为什么吗？好不容易从更换油烟机到销售厨房，增加了不少熟客介绍，不卖厨房改造是没有后续订单的。改造了厨房的女性可以邀请朋友来炫耀一下，安装热水器的客户不会说因为"我装了热水器，要不要来喝茶啊"而邀请朋友吧。

而且，小的个体电器店营商范围狭窄，热水器安装完就结束了。厨房的话也可以通过介绍获取自己商圈外的客人。所以，因口碑介绍来的"诱饵"是油烟机更换，回购的应该是厨房改造。"你真的一点不明白啊。"樱子不自觉地叹了口气。但是，也正因为如此，商业才变得非常有趣。

解说2 流量商业与存量商业的区别

对于流量商业和存量商业的区别，我在第1章中也说了一些，这两者间的区别简单地说就是：与客人的关系是点到为止的还是持续的。"流量"

是从英文中的"flow"而来，是"流"的意思。一次性的交易，与客人的关系自然无法持续，是不能留存客户的。新客户的获取，或者向新客户推销的成本，大约是老客户的 5 倍，被称为"1∶5法则"。为了获取一位客户，需要耗费大量的精力与金钱，为了能有营业额，就要全力向前冲，能不能提高营业额还要看当时的情况。而且，是否能有新客户经常会被经济情况或外部环境的变化左右，只要加强销售活动就可以快速创造营业额。正如樱子所说，迄今为止的日本中小企业的大多数都以流量商业创造营业额。

而存量是由英文"stock"一词而来，是"积蓄"的意思。一旦与客户开始了交易，构建了关系，就可以持续提高营业额。一次合约可以使每月有固定收入。当然，从最初吸引到客户发展到签订合约为止，与流量商业相同，必须使出全力。合约也有期限，也有中途解除合约的风险，因此有必要经常思考客户的需求，服务或商品能顺应时代变化不过时。客户一旦积攒起来，营业额就很容易维持。而且，这里最重要的就是客户积攒起来的资金周转策略。流量商业因为一次就结束了，所以可以售卖相对高价的商品或服务。存量商业就需要制定合理的价格才能持续下去。

今后的中小企业要脱离流量商业，要构建起可以保持与客户关系的，所谓的"能持续收益的商业模式"。近年来，开展存量商业的企业越来越多，可能自己公司的老客户渐渐都成为别家公司的存量商业客户，一定要当心这一点。电子产品是这几十年间消费方式改变的一个代表，以前大家都是在个体的小电器店购买，因为坏了可以马上跑去修理。但是，白驹过隙，时代变迁，电子产品本身也不怎么出现故障了，顾客与店铺间的关系变得淡薄，大家都想要在尽可能便宜一些又品种丰富的大型店内购买；再之后，这种关系越来越淡薄，在网店购买的人越来越多。

比如，亚马逊具有推送功能，以购买者的购买记录或对商品的评价为依据推荐商品。说实话，有很多人应该会觉得这样的服务比不够机灵的店员要好吧。樱子让 Namiha 电器的健一从油烟机更换中储存支付会费的客户，因为现在毫无利润的电子产品即使销售一两个也不会有什么大变化了，况且连这一两个也不好卖出去。健一目标客户的年龄层应该很少有"没有电子产品很麻烦""想要得不得了"的人。所以，以厨房改造为契机，唤起他们的消费欲望，构建起一个"没办法了，那就买吧"的模式。这些人中有很多是"扔了可惜接着用吧"的观念，认为扔东西是不好的，所以比起新商品的折扣，后期维修作为主推业务更能收获会员。这样将顾客团团围住就是"存量商业"。

牢牢把握住目标客户年龄层的特征非常关键，这与如何构建"存量商业"的模式密切相关。

落入核心的"漏斗法则"

　　健一从换气扇的更换到获得厨房改造、大规模修缮等工作，企业或店铺也必须有能赚钱的核心商品或核心服务（参看第 92 页"漏斗法则"图片）。

　　从与客人的关系起步的"诱饵商品或服务"逐步到"核心商品或服务"，换言之，"诱饵商品或服务"是为了出售"核心商品或服务"的。其次，告知、认知这步并不是对经营的所有商品或服务的，如果适用所有商品或服务就会偏离目标，模糊重点，花费更多的广告宣传费用。而且，不能急于进行从"诱饵"到"核心"的销售，要先把关系打牢。这里"1：3：5 理论"很重要。

　　"1：3：5 理论"就是人如果在同一家店或营业员那里购买或享受服务 3 次以上，就会产生一种

"真是好人！真是不错的店!"的错觉；重复 5 次就已经是熟客了，成为熟客后就不会与其他地方进行比较，不仅如此，还会声援营业员，声援这家店。"这个营业员真的很好，就去找他!""这家店真的服务很好，一定要去啊"就是这样的感觉。

世上的企业或店铺想要给还没有成为熟客的人出售"核心"，这样会被比较，也有可能会吓跑客户。不，应该说有很多企业或店铺还没有自己的"核心"，这是非常致命的。其实，在我的商业模式课堂中听课的学员也一致表示："因为我们没有核心产品，所以我们公司才不赚钱啊……"当然也有相反的案例。销售住宅的建筑公司的经营者说："因为没有诱饵，所以我们想卖出去很难……"事实上也确实如此。

我们把上面的内容整理一下，公司要创造出真正能赚钱的"核心商品或服务"，为了要销售这个"核心"，就要确定"诱饵商品或服务"；然后就要将这个诱饵产品大肆宣传。不要着急地用"回购商品或服务"，基于"1∶3∶5理论"构建起与顾客的关系，这就是"漏斗法则"。

我们经常会听到"能如此简单地进行下去吗?"的质疑声，下面就一个具体事例来说明。

赚钱的公司，一定有诱饵商品

其实，"诱饵商品或服务"有很多，现在我就先给大家介绍各种各样的"诱饵商品或服务"。首先是再春馆制药的"Domohorn Wrinkle"，众所周知，它是广告中的常客，非常畅销的产品。"免费试用装，包邮，仅3天即可到家"，再春馆制药提供了优质的服务，且送到家的是8件化妆品。再春馆制药作为在日本推广胶原蛋白的化妆品公司非常知名，另外，还有仅适用女性的半小时健康操教室"Curves"，也在实施"一次免费体验"，很好地消除了顾客"是不是从一开始就必须先缴纳会费或月租呢"这样的担心。

云财务软件公司"freee"也打着"提高财务效率 50 倍,免费试用"的广告,有很多可以免费试用的 App 或软件。应该也有很多的企业是"因为便宜,不知不觉试用了各种各样的服务",然后就签约了。

像这样,不仅是电商或教室、云软件等,各种各样的企业都在制作"诱饵商品和服务"。"诱饵商品和服务"容易被识别,很轻松就能体验或购买这一点非常重要。"诱饵"如果是通过认真思考才能理解,需要说明和说服对方的商品,那么想吸引到客人是很难的。另外,很多企业会免费赠送"诱饵",只要"核心商品和服务"可以产生较好的利润,那就是有效的。如果只销售一种商品,比如洗剂,只要写上"加量不加价"也很容易使顾客购买,这可以被称为"诱饵"。

可以说,人类消费是感性引发的行为。在面

包店里，只要说牛角包很小，客人就会觉得"哇，好可爱啊"，然后不知不觉就买了。这也可以说是"诱饵"，因为会让客人产生"顺便去买明天早上的切片面包吧"的想法。

在商业模式课堂中，有一位凭借"诱饵"成功销售住宅的，就是大分县的"GOEN"公司的三浦康司社长。三浦社长召开了一个面向孩子的"Kids Money Seminar"，是一个以 4～10 岁的孩子为对象，传递"金钱的重要性""对父母的感谢"理念的学习会。其实，这就是"诱饵"。孩子在愉快学习的时候，让他们的父母到另一个屋子里，开展金钱咨询会，出售住宅，这就是"核心"。当然有已经购买过住宅的人，但是更多有 4～10 岁孩子的父母是刚开始考虑要购买住房。针对这些人的讲座，从关于钱到关于明智的住宅贷的选择方法。最有趣的是"想让孩子学习与钱有关的内容"的家长认真讨论，然后前来咨询，这也就是我们前面所说过的客户属性。

现在，把这样招揽客户的方式打包成称为"乐卖"（轻松卖、快乐卖）的组合，凭借向全日本的住宅公司提供服务的一种商业模式大显身手。

解说 4　为了核心的"重复回购商品和服务"也很重要

想要顾客回购，没必要让客人勉强购买商品或服务。当然购买就意味着变成营业额，对经营方面是有帮助的，所以要好好讨论一下。

B to B（企业间交易）时基于"1∶3∶5理论"，营业员只要到对方企业露个脸就可以构建关系。为了不被说"我这么忙你还常来，我很困扰的"，企业专门设置了维护管理，设立了可以上门访问的机制，思考出这样的战略就可以了。而且，也会因此让人感到"你们公司很可靠啊"而获得好评。

在餐饮店中，将"回购"做得很巧妙的是"大阪烤肉 牛小肠双子"。虽然店名中有"大阪"一词，但主要以关东为中心，拥有 31 家店铺，现在也在国外开了 5 家店铺（截至 2018 年 1 月）。"巨型牛小排"因为使用超出烧烤网的巨型肉排而出名，各位读者可能也都知道。这家烤肉店非常重视一个人来的顾客，比如，菜单上画有烧烤夹标志的单品，服务员会烤好后端上来。一般烤肉店都以多位聚餐的客人为目标客户，也正因为如此，这间店专门以独自用餐的客户为主，而且会寸步不离地一边烤肉一边聊天，使得客人还会再次光顾，因此取得了成功。

其次，如果说怎么让客人再来，那应该就是印章卡。可能有人会问："什么？现在还在说印章卡？"是的，现在也能用印章卡获得成功。当印章卡集齐后，客人可以得到一个印有名字的原创"黄金烧烤夹"，有了这个烧烤夹，客人会感到骄傲，然后邀请朋友一起来。

　　除此以外，成为银卡会员后，或是可以优先预约"双子祭"，或是免费饮品升杯，抑或是餐后酸奶免费升杯等。其采用的战略是招募"双子俱乐部"会员，让客人以银、黄金、白金、黑金的升级为目标，并与网店相结合。网店中有烤肉、BBQ、大肠锅、冷面套餐，还有甜品。可以说"牛小肠双子"的核心就是网店，他们努力地让客人回购，并把客人引向核心（参看图8）。

图8　牛小肠 双子的"漏斗法则"

解说 5 用意外的"核心商品"赚取利润

那么，下面就具体地说一下最重要的"核心商品和服务"。核心必须提高利润率，认为自己公司没有核心产品的就来好好地创造吧。

如果想实现存量商业，就更要努力地延续与客人的关系。前面我们已经解释过什么是存量商业了，下面就来介绍成功出售"核心商品和服务"的公司吧。销售婴幼儿物品的西松屋业绩一直很优秀，截至 2017 年 12 月，在全日本有 947 家店铺。商品看起来就是好像哪里都有的纸尿裤、奶粉或是衣服，其实这些全是"诱饵"，西松屋的核心产品自不用说，就是 PB 商品（原创商品）。西松屋有各种各样的原创商品，其中最畅销的是超轻婴儿车和有利于婴儿运动的拉拉裤。将顾客会员化，让客人回购，通过 APP 加强与客户之间的联系，很好地将客户的想法运用到产品开发中（参看图 9）。

图 9　西松屋的"漏斗法则"

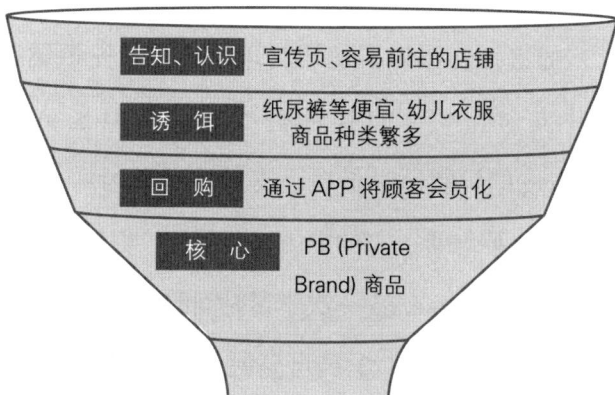

拥有 126 个校区的 ABC Cooking 的"核心"是教授料理的教师。"诱饵"是 500 日元（约合 30 元人民币）的体验课，经 ABC Cooking 会员介绍的话还可免费，这时会给介绍的人赠送点数。如果前来体验的人入会，也会为介绍人赠送点数。点数可以用来购买商品，也可以用来抵扣预约后

又突然取消时购买食材的一部分费用。多次回购学习各种各样料理课程中，想要成为料理教师的人络绎不绝，可能是女性独有的特征吧。这难道不是绝妙的机制吗?

通常，公司为了雇用料理教师，会先招纳新人并支付工资，而且还需要培训。但是 ABC Cooking 的机制是学员自己支付费用学习后就职，不需要入职培训，真的很厉害。而且，根据课程的不同，ABC Cooking 一次学习时间约为 2 小时，费用约为 6000 日元，学员自己做，自己吃，最后将餐具清洗干净后才离开。如果是餐饮店的话，烹饪、端菜、整理……忙碌 2 小时仅收 6000 日元，应该很多店都吃不消。在构建商业模式时要注重"改变视角"——这是非常重要的关键词（参看图 10）。

最后，是因"高达豆腐"而知名的"相扑屋食材"，他的"核心"并不是高达豆腐。"什么?

图10　ABC Cooking 的"漏斗法则"

告知、认识	商业购物中心的落地窗店铺
诱　饵	500日元体验，有介绍人可免费
回　购	各种课程的学习
核　心	料理课老师

已经引起了那么多讨论，居然不是它?"是的，不是高达豆腐。流行的商品就有可能被遗弃，没什么比明知道会被遗弃还要依靠这件商品更恐怖的事情了。确实，相扑屋食材凭借高达豆腐扩大了年营业额规模，但是，高达豆腐流行时就控制了其产量。想要出售高达豆腐的超市数不胜数，那时相扑屋食材通过交涉"如果可以在超市内也出售我们其他的豆腐、油炸豆腐或是炸豆腐块的话

就成交"，以此占据了超市的货架，可以说用高达豆腐这个"诱饵"来换取"核心"的超市货架（参看图 11）。

（参看图 11）。

图 11　相扑屋食材（豆腐店）的"漏斗法则"

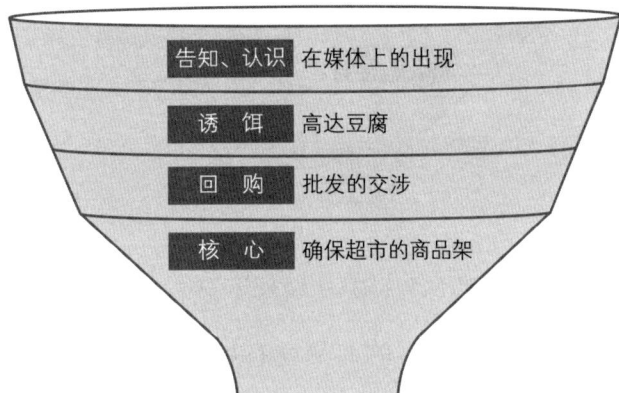

告知、认识	在媒体上的出现
诱　饵	高达豆腐
回　购	批发的交涉
核　心	确保超市的商品架

　　像以上这些，将漏斗法则完全理解并获得成功的企业或店铺非常多。各位读者也不要放弃，花些时间试着按照"诱饵→回购→核心"的顺序来构建吧。

第 3 章

迅速提升营业额的"提前法则"

商业模式课堂的学员中有很多美发店的经营者。一提到"转换成会员商业化、存量商业化",虽然大家感到伤脑筋,但也诞生了不少优秀的案例。下面,就来看一下樱子是如何让业绩不断下降的美发店实现 V 形恢复的吧。

——拥有两家美发店的情况——

搭乘最后一班飞机抵达羽田机场的樱子马上乘上了出租车,"去芝公园",说完后"呼"地长出了一口气。一早乘坐第一班飞机到札幌,演讲和咨询结束后又马上赶回了东京。虽然也觉得札幌一日往返真的很累,但是她有必须回来的原因。

樱子突然听到了手机振动的声音,看了看信

息："樱子小姐，明天就拜托您了!" 她只回了一句"我知道了"，就再次把手机放到了包里。发信息的是健一，从那天以来，频繁地给樱子发信息。曾有一段时间打来电话的次数很频繁，樱子告诉他"我不能接电话的时候比较多，有事的时候最好能给我发信息"，现在就成了时常发信息的状态。"我店铺的附近新开了酒吧，我们一起去吧""我在你办公室附近，要不要一起吃饭啊"之类的，全是樱子一点都不感兴趣的邀请，也非常想把他拉进黑名单中，但毕竟健一是自己的客户，偶尔会发来"月营业额超过了目标金额""我想开始这样的服务，你觉得这么样?"之类的信息，所以也不能太任性。

日子一直这样流逝着。直到一周前，健一发来信息说"有家公司也想找樱子小姐做咨询"。作为知名的顾问经常全日本飞来飞去的樱子不可能马上就有空闲，但是这次出差，樱子打算在札幌的第二

天休息一下，所以才空出来时间。樱子是不会选择
"好不容易休息一下就不工作了吧"的选项。

　　健一想要介绍的企业是在埼玉县大宫的一家
美发店。在开了第二家店铺以后，突然营业额就
下跌了。"这是常有的事……"樱子把头靠在出租
车的窗户上，闭了一会儿眼睛。车的晃动让人感
到舒适，樱子特别喜欢研究商业，看过的书汗牛
充栋，而且她最喜欢的是咨询的现场。与经营者
直接对话，到店铺去把大家都调动起来改变经营
模式。取得成功时的欢喜是什么都无法替代的，
可能也是因为无法忘却那些瞬间，支撑着樱子一
直坚持走到现在。

　　"你好小姐，已经到了。""谢谢。"听到出租车
司机的声音，樱子慌忙张开了眼，不知不觉中竟睡
着了。下了车，伸了个懒腰，"好，今天也要加油"，
小声嘟哝一句后樱子快速向办公室走去。为了明天
的咨询能够更顺利，今晚要把资料全看一遍。

无法增加新顾客，进展不顺利

"樱子小姐！这里，在这里！"第二天一早，刚到达大宫站就看到健一开心地挥舞着手，就像很高兴跟主人散步而不停摇尾巴的小狗。身着皮夹克，下身穿着直筒牛仔裤和马丁靴。穿西装时显得比较年轻，现在这身看起来更年轻。

"早上好，不要浪费时间，咱们乘出租车去吧。"刚坐上出租车，樱子就拿出了 TRANS 的资料，"不愧是樱子小姐，已经调查过店铺的一些情况了，哎呀，佩服。我还想着要跟您说一说呢。"看着健一轻浮的样子，樱子特意用严肃认真的口吻说道："店主前田友树年轻时开了第一家店，很快就成了高人气的店，不但有才能和技术，应该也非常努力。""是的啊！他可是我的发小。"樱子看着好像夸的是自己一般笑嘻嘻的健一，放松了表情。

"即使如此，你说两年前开第二家店后业绩马上就下滑了?""对，原本 TRANS 除了友树还有一位非常受欢迎的美发师，但是他说'想要单干'，然后友树就说'正好想开第二家店，要不要试试当店长'。但是，SPARK 开业了以后却没有想象中那么受欢迎，好像是因为没有了两人同时在店中的那种气势，所以这次就找了樱子小姐……""原来是这样啊，我大致了解了。"

突然的业绩下滑都是有理由的。如果是这样，客人减少的原因应该就藏在店内，今天必须找出来……樱子感到内心涌出无以言表的兴奋。

运用"提前法则"提高顾客来店频率

"啊，就是这里。"听到健一的话，樱子抬头看。这是一座面向大路的砖造二层小楼，都是落地玻璃，可以很清楚地看到里面的样子，里面也有一些客人。下了出租车，两人站在店前。

"欢迎光临！"推开厚重的门，前台的年轻女孩儿就朝气蓬勃地打着招呼迎了过来。可能是刚从学校毕业就来这里了，脸上还保留着孩子气。大概是因为店铺关门后又练习到很晚的缘故，手因为烫发或染发的药剂变得粗糙。"啊，波叶先生，你好啊。"女孩看到健一就露出微笑，待客没什么问题。"友树现在有空吗？""店长啊，您稍等一下。"前台的女孩儿马上用耳机叫店长，樱子则打量着店铺。

镜台有 10 张，洗头床有 5 台，店内工作人员有 5 人，二楼好像几乎没怎么用，看店铺主页介绍上说，上面是 VIP 室。樱子想着"如果从镜台和洗头床的数量来考虑的话，人手不足啊……""久等了，请上二楼吧。"樱子和健一被请到了 VIP 室，这一层摆放着与门一样有厚重感的橙黄色皮革沙发和玻璃茶几，与一楼不同，更加宽敞的空间里，镜台反而只摆放了一个。照明用的水晶吊灯应该是古董吧，这可能是店长的喜好。

"这里是单人的美发空间啊。"

"我偶尔来店里时就在这里剪。"

"哎呀，是嘛"，樱子俯看通透的一楼，预约电话频繁地打来，接电话的是刚才在前台的女孩儿。"原来如此……"樱子听着年轻女孩儿接电话后的内容，一边将脸庞的碎发慢慢地别到耳后，一边在思考着什么。"樱子小姐，怎么了？""没什么……这里，一直是那个孩子在负责接待吗？""啊，是吧，虽然也不是只有那个女孩儿，不过一般不都是刚到公司见习的做吗？""果然是……""果然？有什么问题吗？""只是我自言自语。""不可能，是不是想到什么了？啊？"敷衍着纠缠不休的健一，樱子正要坐到沙发上时，"你好，我是店长前田。"一位身高约 180cm，身材修长的男性出现在樱子眼前，这就是前田友树。

　　紧身牛仔裤搭配运动鞋，随意穿着 T 恤，但是从显眼的银色配饰的选择上可以窥探到他的好品位和高追求。卷发也精心整理过，感觉从头到脚没有一点遗漏。"哟"，友树对健一举了一下右手就说："小健，你是不是该换换造型了，我帮你预约一下。""其实，我也想烫成像友树你这样的卷，但是，打零工的大婶们总说我，她们总把我当小孩子。""那不是很好吗？还有人关爱你。""话是这么说……"

　　两人突然开始闲聊，樱子一直站在健一旁边，完全没有坐下的时间点。"哦，这位是以前跟你说过的远山樱子小姐。"健一终于意识到樱子的存在，慌忙开始介绍樱子。

　　"你好，我是顾问远山樱子。"她深深地行了礼。"你好"，友树只打了声招呼，也没有让樱子坐，自己一下坐到沙发上。樱子虽然感受到了诡异的气氛，但还是尽量不让丝绸连衣裙起皱，慢慢坐到了沙发上。健一好像很开心地一直笑嘻嘻，"这就是之前跟你说过的，非常能干的樱子小姐！多亏了她，我的 Namiha 电器才从倒闭的危机中被救了出来！""嗯"，一直兴致勃勃回应健一的友树，现在却好像兴致全无的样子，瞥了一下樱子，然后就一直无聊地摆弄手指。

　　"前田先生，刚才就一直在您店里看着，发现了一些事情"，樱子刚开始说，友树不悦地回道："我可没求你做。""啊？""哎，友树……"樱子和健一同时发声，都不知如何是好。樱子开口询问道："这是怎么回事？""哎，小健……和波叶君去喝酒时，他说最近公司的状况特别好，我就问发生了什么，他提了远山小姐……是这个名字吧？我说我们公司万一不行了也请她来帮忙吧，就是开个玩笑。""友树，你居然说是玩笑！你也说过吧，营业额一直在下降。""说是说过，但是还没到非得请顾问的程度。""不是，我都跟你说了TRANS确实不如以前受欢迎了！我可是从你开业就一直看着呢，绝对错不了！樱子小姐真的很了不起，还是交给她比较好!""都说了没那个必要。"两位男士在眼前不断争执，樱子不耐烦地站了起来，"我也不想指导没有期待的人"。

"樱子小姐，等一下!"樱子避开了健一趁乱想要抓住她的手，站在扶手旁俯看着一楼，"但是，有一件事我很在意，请一定让我说出来。""请说。"友树看起来还是很不高兴，虽然樱子觉得这不是一个比自己小的男性应该有的态度，从心底觉得厌烦，但也充满了同情。通常来说，经营者都不想承认自己的公司陷入绝境，承认并面对现实是很可怕的，像这样的例子之前也有，但是没办法见死不救是作为"商业御宅"的樱子的本性。

"那个前台的电话……""电话?""刚才我听了一通接受预约的电话内容，为什么要把预约向后推呢?""什么意思?""前台的女孩儿在电话中说'那天已经有预约了，4 天后的 15 号有空'。""这么说哪里有问题吗? 没空也没办法啊。"友树的语气变得强势。健一不知所措地接道:"就，就是啊，樱子小姐。"

樱子直直地看着友树，"业绩下滑是因为开了第二家店，客人减少，而空闲时间却不能如愿地被填满，因为要找到新的客人是很难的，我说的没错吧?"友树清了清嗓子，樱子就当他表示同意了，"想要捕获新顾客的方法也有一些，不过在此之前，还有更简单的提升营业额的方法，那就是预约的提前。""提前?"健一和友树异口同声地说道。

"为什么不向前推呢? 不要说 4 天后，而是说'4 天前有空'不就好了嘛，预约就是命门啊。"听了樱子的话，友树嗤笑道:"那不就是强迫了嘛。""那是你自认为的。""哈?""'还是不要这么做了'这都是你自认为的，因为客人都是想尽早改变发型才来预约的，你却把日期推后，那不就是不体贴吗？""确，确实是啊……"友树沉默地抬头看着樱子，健一在一旁点头应和。"而且，接受预约这么重要的工作让新人来做本身就是个大问题。""但是，我们还要服务客人，也没有接电话的空闲啊。""所以说，你思考问题的方式是错误的。"一直静静诉说的樱子语气强硬了些，那气势让两人只好沉默。

"一位美发师能独当一面，就不会只关注客人的头部，应该要观察全身，做一些真正让客人高兴的事。""唔……是的。"一直对樱子抱着挑战态度的友树抱着胳膊，想了一下，小声应和。"这里，每月营业额大约 300 万日元（约合 18 万元人民币）？""啊？是，是的……"友树一副你怎么知道的表情看着樱子，健一只是陶醉地看着樱子的侧脸。"这样的话，年营业额是 3600 万日元（约合

216 万元人民币)。如果每个月有 375 位客人,这些客人每年多来一次的话,客量每年就增加 375 人。每位客人消费单价 8000 日元的话,就会增加 300 万日元,就相当于一个月的收入,年营业额在 3900 万日元(约合 234 万元人民币),怎么样?"

"算的是没错,但是'多来一次'的机制是什么……""所以说,就是预约提前嘛。只要预约提前,到店铺来的频率就会增加(参看第 140 页'解说 1')。"

"原来如此!"健一灵光一闪似的站了起来。"比如,客人走之前对她说'一个半月以后再来一次就可以保持现在的发型',像这样把下次来店的时间预约好,怎么样,友树?这样就可以增加来店次数。所以,可能前台让一位擅长话术的资深店员来做比较好!"樱子大为震惊,因为健一把她接下来要说的战略都说了出来。可能健一学了商业模式,只是自己不知道。

"像波叶先生所说的一样，前田先生。如果第二家店铺 SPARK 也这样做的话，年营业额破亿很容易的。"樱子清了清嗓子，直直地盯着友树的眼睛。友树好像被捕捉的猎物一般动弹不得。"友树！这样的话绝对可以！快行动起来！"健一快步到友树坐的沙发旁，"啪啪"地拍着他的肩膀。"确，确实可以像刚才说的那样做，但是也不一定能行吧？能不能增加来店次数也不一定……""要是不认可就不要做了。"樱子打断了友树的话，冷静直言。友树用手托着下巴沉默了一会儿。

　　"那我就先告辞了。"樱子爽快地微笑着走向楼梯。"樱，樱子小姐，稍等啊。"健一一边留意友树，但还是慌忙想要阻拦，最终还是友树拦下了。"请等一下。""友树……""刚才说了孩子气的话非常抱歉，我作为经营者、作为一名美发师，很珍惜我的员工和顾客，所以就拜托您了，能再给我讲讲吗？"樱子转过身来，友树站在沙发边身体成 90

度鞠躬，抬起头时，脸上已经是与刚才截然不同的坚定的表情。"看来您是有要改变思考方式的想法啊。"樱子走到友树面前莞尔一笑。"是的。"健一听到这强有力的回答，也笑了起来。"好的，那我们从哪儿开始呢?"像是要做助手一般，健一卷起袖子，彰显他的十足干劲。樱子瞥了他一眼，又坐到沙发上。

提高顾客审美的存量商业

"前田先生，您说开了第二家店以后 TRANS 的营业额就下滑了是吧?""是的。""那您觉得原因是什么?""嗯，简单来说就是客人和店员都分散了的缘故吧。""我也这么觉得，集中在一家店铺的客人，一旦有两家店，简单来说就是客人减半了。店里有两位顶级美发师，那客人就不是追随这家店，而是各自追随自己偏好的美发师了。""嗯，而且第二家店也在第一家店的附近……看来果然开第二家店是失败的决策……"友树非常失望，健一也一副不安的表情看着樱子。

"可能是的，但是只要让 TRANS 和另一家店都有持续前来的客人就行了。""就是因为做不到才烦恼啊……也试过几次降价，一段时间内变好了，但是很难有回头客。""前田先生，因为那都是冲着降价才来的客人啊。你知道营业额是什么吗？"对于樱子的这个问题，友树心想"真是奇怪的问题"，但还是回答了，"嗯……不就是卖商品或服务时到手的金额。""没错，希望你能记得，营业额是'单价×数量'（参看第 146 页的'解说 2'）。降低单价就必须有相应的数量上的增加。只是降价就会给利润带来较大的影响，简单来说就是，盲目降价很危险。所以，我建议如果要降价就要先提高单价。""啊，就是暂时提价。""是的，当然也需要增加商品或服务，提高品质，先涨价再降价，看着很简单吧，但是是有效的方法。""原来如此……我明白了，不过可能已经晚了，怎么说呢？我能做的都做了。"友树又垂下头去。

"真的都做了吗？""嗯……""前田先生，您知道存量商业吗？""存量商业？好像听过，之前小健在居酒屋喝酒时摆出了不起的样子说过……""你！这就不用跟樱子小姐说了！"健一慌忙制止友树，樱子看了不由得笑出来，又马上恢复了原来的表情。

"美发店是比较容易有熟客的行业，也就是说具有存量商业的要素，但是通常都要电话预约，也可能不会再被选择，只要这种仅一次的契约一直存在，就无法脱离流量商业的领域。"樱子一口气要把话说完，"美发店建立顾客台账，比如每月收取会费之类的店铺几乎不存在。但是，美发店也可以像手机通话费一般从顾客那里持续收费建立会员制（请参看第150页的'解说3'）。""什么意思?""樱子小姐,我听说了存量商业以后也打算好好学习一下,不过美发店想要这么做好像挺难的……"樱子好似告诫插话的健一,说道:"那是你自认为的。"健一缩了缩脖子。

"神奈川县有一家叫作'Mon Style'的美发店,那里的会员每月支付会费,染发以及美甲、美睫都可以随意做。有60分钟6800日元(约合408元人民币)到240分钟17800日元(约合1068元人民币)三种套餐。比如60分钟会员的话,一个月内60分钟以内的项目都可以做。当然,美发店会设置一个上限,超过6分钟以后另外收取费用。即使如此也比非会员划算。""啊?那不就亏本了吗?"友树惊讶地皱起眉头。"不,不会的。美发店一般都是月初营业额为零,到月末到达峰值,对吧?""是的,我们家也是这样的。""Mon Style 却是随着会员的增加,在月初就可以预测营业额了,而且女性越美,审美也会随之提高。下次还想试

试别的项目，像这样会员对美容的灵敏度也会提高。"(参看图 12)

"嗯，确实，能够提高客人的审美对美发师来说是无上荣幸的。"友树抱住胳膊开始思考。"友树，这个 VIP 室不就是个至少可以美睫或者美甲的空间，我觉得应该是可以的吧?""要干的不是小健你，是我。嗯，但是就算我们可以模仿神奈川那家店，那 2 号店 SPARK 怎么办?""很简单的"，樱子莞尔一笑，"TRANS 的客户的年龄层主妇比年轻人多，是不是?""是啊，差不多占八成。""所以，只要让这些客户带着孩子来就可以了。TRANS 在制定会员套餐时以母亲为主，而SPARK 则以这些母亲的孩子为主，还可以再开一家让三代人都能来的，专门服务孩子或老人的，价格优惠的美发店，这样怎么样呢?""樱子小姐说的听起来很简单，但是实际操作的话会怎么样呢?"友树非常赞同健一的话，"是啊，而且这么说

图 12　美发店的库存式营销

会员制	60分钟会员	6800日元/月
	120分钟会员	9800日元/月
	240分钟会员	17800日元/月

无论来几次都 OK！　支付费用后追加项目也 OK

【客户】

价格实惠，客人高兴

可以尝试美睫或美甲！

【店铺：经营】

会员制后营业额稳定

金额虽然便宜但营业额可预估

MEMBER'S CARD

可能不太好，但是现在的 SPARK 的人员如果只为孩子理发，染发、烫发……明明什么都会，但是却浪费了这好手艺。""这个问题也可以简单解决。SPARK 的造型师让在前台见习的孩子或者助手去做就好了（请参看第 156 页的'解说 4'）。"

"什么?""前田先生，现在是把接电话的工作交给新人做吧?""是……""这样一来，见习的孩子只能做接电话的工作，没什么机会接触客人的头发，所以培养年轻人就很难了，对吧? 而且很难积累实战经验，年轻人很快就辞职……听说这是美发界共通的烦恼。""是的，但是我自己也是在底层挣扎了三年，都是关店以后努力练习才有了今天，这是我们这一行的惯例。""真的吗?""只能拾球的棒球部员是不能很快成长的，我一直认为只有尽快登上舞台才是成长的捷径。所以，让见习的孩子、年轻造型师在 SPARK 给孩子理发，让他们磨炼技术快速成长就好了。"

听了樱子的话，一直沉默的健一抬起了头。"啊！说起来，我们附近的女高中生都在感慨'好想去时髦的理发店剪发啊'，但是妈妈都在说'美发店都没有儿童价，让她们去剪发浪费钱'。""原来如此……既可以实现孩子的愿望又可以满足妈妈，还能够培养员工……没错啊。"友树再次环抱胳膊仰望天空，"而且"，樱子笑着面向两人，"一直光顾 SPARK 的孩子们长大后就成为 TRANS 的客人了。"（参看图13）

图13　面向初高中生沙龙的特征

• 美发师手艺不够娴熟，所以费用便宜

• 年轻美发师较多，与初中生、高中生聊得起劲

• 美发师很快就可以通过实践磨炼技术（员工培养◎）

"啊，真的呢!"友树和健一两人异口同声。"下面就是怎么说服 SPARK 店长了，不过我觉得你应该已经认可了刚才远山小姐的话了!"友树的表情已经轻松了不少，可以说是已经下定决心的表情。

"谢谢，今后请一定让我跟您一起努力吧。现在说这个可能还有点早，不过，我想第三家店的目标客户可以以光顾 TRANS 的太太们的丈夫为主，这应该也是一个好主意。这也是'漏斗法则'（参看图 14），总店是'诱饵'，核心是家庭全员。""原来如此，有趣!"健一兴奋地说道。找到了解决方法，樱子也很兴奋，只有友树还在迷茫。"漏斗……吗?""对，关于这个，你旁边这位 Namiha 电器的社长应该比较熟悉，你慢慢听他讲吧。"樱子一脸坏笑地看着健一。

"樱子小姐，您这么相信我啊。友树，就交给我了!"健一咚咚地拍着胸口，很夸张地后仰，跷起了二郎腿。"如果小健能让我店里的营业额上

图 14 美发店的"漏斗法则"

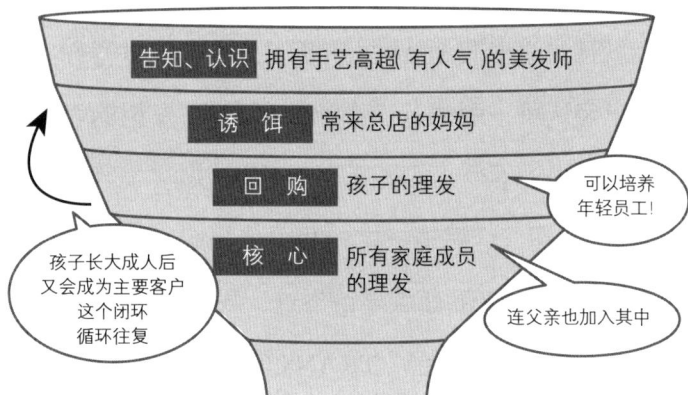

涨，那我就免费给你美发。""真的？那就拜托了！"樱子看着二人的样子苦笑着，"你们俩啊，真是得意忘形……"

解说 1 能够轻松提升营业额的"提前法则"

樱子对友树所说的"提前法则"是非常重要的法则。年营业额 7200 万日元（约合 432 万元人民币），月600万日元（约合36万人民币）的美发店，平均单价8000日元（约合480元人民币），每月就有750人左右。

调查来店频率后发现，顾客平均两个月到店一次。如果能一个半月来一次，仅仅是提早了两周，年营业额就能到9600万日元（约合576万元人民币），月800万日元（约合48万元人民币），年营业额提升了2400万日元（约合144万元人民币），月提升200万日元（约合12万元人民币）。从计算上就可以简单提升营业额，各位读者是不是也感到很惊讶？只是，读者们接下来就会想"让所有的客人都缩短两周不是那么容易的事吧"，"如果是一周的话，可以做到吗？"

我曾经听实际在经营美发店的学员说过，比如客人打电话来预约6月4日，不巧的是那天正好排满了，之前都是向后推到6月8日，这次就提议6月1日，只是这样就可以简单缩减1周了。只要这么做，年营业额可达 8400 万日元（约合 504 万人民币），月 700 万日元（约合 42 万元人民币），也就是"年营业额上涨 1200 万日元（约合 72 万元人民币），月 100 万日元（约合 6 万元人民币）左右"（参看图 15）。

我认为，美发店的前台就是接单中心，这个接单中心如果没有什么机制，还放新人在那里工作就很麻烦了。"想剪头发""想染头发"——跟有这样的想法而打来电话预约的女性说希望能早几天来，应该不会有人犹豫吧。因为她们都是想要修整发型专门打电话预约的，建议提前会让人觉得被强迫，这是一种错觉。相反，我想说，把客人变美的日子向后延是要干什么呢？走出美发店的那一刻，是美丽的巅峰，正是想着下次再来时要做点什么的时间点，也可以说早些让客人变美才是为客人着想，让客人保持美丽也应该是美发店的作用。

图15　将预约时间提前的方法

来店频率	每 8 周来一次（两个月）	每7周来一次	每6周来一次（一个半月）
平均单价	8000日元	8000日元	8000日元
月营业额	600万日元	700万日元	800万日元
年营业额	7200万日元	8400万日元	9600日元
变更点		将所有客人的预约向前推进1周	将所有客人的预约向前推进2周
结果		月营业额100万日元的提升⬇年营业额1200万日元的提升	月营业额200万日元的提升⬇年营业额2400万日元的提升

⬇

仅仅是将时间提前，
营业额就提升了

这是一个真实的案例，商业模式课堂的学员的店内，不仅使用"提前法则"，也会在来店时就预约下次来店时间。因为我和店里的工作人员有过这样的对话。"牙科医生一定会确定下次来看诊的时间是吧？""是的。""那么，为什么你们不能让客人确定下次来的时间呢？明明大家都为了让客人一直保持美丽非常努力。""确实是啊，但是客人也有自己的安排，能那么早决定吗？""那为什么牙科的预约就可以决定呢？因为想保持牙齿美丽的状态，想治疗牙痛，难道不是因为有需求吗？那美发店也是一样的，希望能保持美丽，也是有需求的。""确实……"先预约下次来店时间就是给客人添麻烦，这是店家的错觉。然后，这位学员店中的造型师就会说，"某某小姐，考虑到头发生长的规律，至少一个半月染一次并进行修剪，不然就会变成布丁（布丁就是上下层颜色不一样，上层是深色，下面是黄色），可以先预约下次来店的时

间，我会好好服务的。某某小姐的头发我最了解
了，就请交给我吧，什么时间比较合适呢？某月某
日怎么样？我会准备好您喜欢的茶点的！"像这样
开始让客人做好下次来店的预约。让经常服务客
人的造型师自己来招待客人，客人满意度会得到
提升，而且不是快到时间才被预约，反而变成了
在自己希望的时间段前来，评价应该会非常好。

　　请好好想一下，聚餐的约定也是，"什么时候
一起吃饭啊！"这么说着的人总是无法一起吃饭。
如果是对方说"去吃饭吧，什么时候可以？某月
某日怎么样？我先预约你一直说想去吃的某某饭
店了哈"，你一定会同意的，像这样获取提前预约
是有诀窍的。预约都是谁在前面谁就是赢家。虽
然美发店需要付出茶点的成本，但是如果年营业
额可以得到提升，难道不认为这值得一试吗？

　　当然，不仅是美发店，所有行业都是如此。建
筑行业的碰头、宴会行业的预约都是洽谈日，请

试着想一想是不是可以提前，会得到不一样的结果。

解说2 营业额是什么

虽然本章中已经出现过了，但是我在这里还想再提问一次：营业额是什么？

再一次被提问，很意外，竟然很难回答出来。好像很容易像友树那样回答："出售商品或服务时到手的货款。"确实如此，如果说得更明确一些，第1章中提过的那个公式应该最容易理解。

营业额=单价×数量

相同的营业额，单价高的话数量少也没关系；相反，如果数量多的话单价低也可以。也就是说，公司的战略是"高单价战略"，还是"高数量战略"。我们用更易懂的案例来说明吧。

首先，是"高单价战略"。日本单价最贵的饼于是，被称为日本第一家西洋点心店的"村上开新堂"。从 1 号罐到 5 号罐有不同的尺寸，最大的是 5 号罐，售价 26000 日元（1950g）（约合 1560 元人民币）。看了村上开新堂的网页就会知道，这家店不接受生客，采用的是介绍制。"什么？没有介绍人的话居然买不到饼干？"正是如此，村上开新堂打的就是稀缺的牌。而且，这种饼干更厉害的地方在于，有在雅虎拍卖上进行个人间的买卖，而且是用比定价高的价格交易的。有很多人是"比定价高也无所谓，总之就是想尝尝"。

以前有朋友送过我几次，味道很普通，说得夸张一些，我都是想着这可是比牛肉还贵的饼干才吃掉的。像这样高价的东西，先打出"不好买到"的牌，才会受到关注。

日光的酿酒屋"片山酒造"只锁定单价高的商品，取得了较大的成功。片山酒造并非与某大型酿酒公司一样采用自动化酿酒，而是使用古法

"佐濑式"来酿酒。"左濑式"就是酿酒师手工作业，一个一个精心制作出浊酒的古法。企业理念是"喜酿一滴"（每一滴中酿造出喜悦），是一家用这种了不起的精神在造酒的企业。

片山社长是商业模式课堂的学员，刚来的时候说也有一升瓶的，因为是手工制作，所以没办法量产。我说："如此精心制作出来的酒，卖便宜了可不行，必须提高价格。"现在基本上已经没有一升瓶的包装了，网络销售或者是销售给到酒窖参观的客人们，都是720毫升装的复古风的瓶子。据说，不喝日本酒的女性也会因为瓶子好看就买回去。不仅如此，因为是原酒，酒精度数较高，推荐加冰或加水饮用，也会免费提供日光的美味地下水，提供新式日本酒的饮用方法。

凭借"提升数量战略"获得成功的是，在全日本开"章鱼与威士忌"居酒屋的"龟屋"公司的龟原和成社长。龟原社长也是我商业模式课堂的学员。店铺采取的是立餐的形式，主菜是章鱼小丸子和威士忌，主要的客户群是希望在乘车回家前能够填饱肚子的人。

一盘章鱼小丸子、两杯威士忌，大约 30 分钟的频率翻桌，门庭若市。我也去过，真的是非常小的店，熟客也会分头帮店里的工作人员。第一次去的时候我不得要领，不知所措，"在这里下单"、"坐在这里吧"，客人把仅有的凳子让给我，如此热心地帮助了我。

客单价是 30 分钟 1500 日元（约合 90 元人民币）的话，换算成两小时，客单价就成了 6000 日元（约合 360 元人民币）了。近年来，居酒屋行业竞争越来越激烈，一场宴会收取客单价 6000 日元都很难。在这层含义上来说，"章鱼与威士忌"可以说采用的是增加数量战略。

解说3 美发店也可以实行存量商业

大家普遍认为，美发店要实行存量商业是很难的，但当真如此吗？"客人头发长长了，来剪发是理所当然的"，这样想的美发师很多，认为不将客人留存起来也没关系，因而美发师停止了思考。现在免费宣传册或网络上容易得到各种信息，乘坐汽车等公共交通工具就可以自由抵达较远但非常想去的美发店，因此必须留存客户。像过往一样只去附近美发店的消费行为几乎是不可能的。美发店的数量增多，据说美发店比便利店还要多，因此竞争也十分激烈。发现受欢迎的美发店，就在其附近开一家特别低价的店，慢慢捕获客户的美发店也出现了。客人有时会因为无法在期望的日子预约上心仪的店而到低价店去，也会有客人觉得"这个价格有这样的质量也还行"。当然，只是凭借"努力和韧性",商业是不成立的。相反,这样的想法可能还会妨碍商业模式的构建。努力打造商业模式,构建不让客户流失的机制吧。

樱子提到的神奈川县的"Mon Style"这家美发店,招募月会员,可以一个月内免费染发、美甲或美睫,以此来实现存量。这不是真实的县名、店名,但是确实是来我商业模式课堂学习的学员正在实施的商业模式。有染发、美甲或美睫经历的女性应该会理解这个会员制沙龙的魅力之处。因为头发或者指甲会长长,睫毛也会掉,不持续到沙龙的话,就不能保持其美丽的状态。而且,如果会员可以给打折的话,还会想试试别的项目。就这样在不断去的过程中,就好像在健身房锻炼一样,沙龙也提高了审美。肌肉越来越紧实也会越来越想锻炼的吧。

这个会员制沙龙有一个月 60 分钟 6800 日元(约合 408 元人民币)、120 分钟 9800 日元(约合

588 元人民币）、240 分钟 17800 日元（约合 1068 元人民币）三种套餐，只要是会员时间内，可以享受任何一种项目。如果超过上限，也可以用会员价享受其他的项目，十分划算。而且成为会员后也可以享受美发店的活动，结果就是顾客会因此而到美发店去。

提价再降价是打折的铁则

"但是这样最终还是打折了，不就赚不到钱了?"我想大家会产生这样的疑问。如果把最初的价格定得稍微高一些，以及可以巧妙地让客人再增加一些其他项目，其实是可以提高营业额的。

相反，如果不能实现存量将会很悲惨。月初营业额从零开始，月末迎来峰值，然后第二个月又从零开始……像这样，每个月每个月追营业额是很辛苦的。所以要从这个消极的旋涡中逃出来，存量是非常有效的。

再向前一步，来思考一下"与核心相连可以提高利润率吗？"这个问题。"什么？还有核心商品？"您感到惊讶吗？当然会吧。

仅是积蓄的营业额（会员）就可以说是核心了，但是这个沙龙还有"脱毛会员"，这就是所谓的配料销售（追加销售）。负责头发的是美发店，负责指甲的是美甲店，负责接发的是接发店，负责脱毛的是脱毛店……女性为了保持美丽要去各式各样的店，再怎么说是为了自己要辗转多个店都不是一件轻松的事。但是现在在一家店内就可以满足所有的需求，可以说这就是梦想的店铺。美甲和美睫同时进行可以极大地缩短时间也是卖点之一。对于店铺来说，核心商品脱毛也并不需要资格证（可能什么时候就会开始需要资格证），技术也是因为机器而不同，店员的雇用和教育与美发师相比都要更轻松是一大优点。核心商品脱毛放到前面就要和较大的店铺竞争，但如果是圈定会员后再招募脱毛会员就可以绕开这场竞争了。

如果还能提供可以让客人持续购买的相关产品，也会产生利润。请厂商协助，利用一角摆放客人可以自由使用的样品，有喜欢的也可以按会员价购买，这也不失为一个良方。

用"漏斗法则"的图表示的话，就是诱饵商品是"月度会费6800日元，现在体验只要半价"，回购商品是"月度会员"，核心商品是"脱毛会员"。

美发店征集童模

另一家美发店的经营者，构建了一个这样的商业模式。为了实现那些刚开始对时尚感兴趣的孩子"想成为模特"的梦想，打出了"征集童模"的广告，利用暑假开展了大型活动。据说前来应征的孩子超过了100人。

被选上的孩子除了参加美发店的各种活动外，也会作为模特出现在宣传页的广告中。在职业体验活动中，孩子们亲自体验美甲或发型整理，真实感受美发师的工作。这种活动受到了孩子的好评。

近年来，美发师的工作不再像从前那样令人羡慕，而是让人感到"辛苦又严格"，听说已经成了不受欢迎的职业。但是，真的是这样吗？"希望能让孩子们知道让别人美丽是一件了不起又快乐的工作"——这个活动中也蕴含了店主的愿望。就这样，在这些活动切实进行的过程中，参加者的母亲也开始有令人开心的意见，说"喜欢上了这么努力的美发店，后来就一直来这里，不仅是我，先生和孩子也都来这里"。这个活动被当地媒体报道，这个地方，客人的家人们都包含其中。

用"漏斗法则"表示的话，"诱饵商品和服务"是"各种各样的活动"，"回购商品和服务"是"母亲到店"，"核心商品和服务"是"家庭全员的到店"。其实，这家美发店为了能让家庭全员到店，也设置有"家人折扣"。大多数店铺用高额广告宣传费来捕获新客人，"如果家庭全员都来我们集团的店铺的话，这部分费用就可以返还给客人了"，由此而产生的服务获得了成功（参看图16）。

解说4 善用年轻人的力量

"最近的年轻人，还在学习中就辞职了……"如此感叹的美发店店长很多。但是转换一下看法，在现代的快速教育体系下培育出来的一代人，觉得这样的学习很无聊也是正常的。因为现在是可以在网络上简单获取信息的时代，并不像从前"年轻人缺乏经验，看不到世间的状态"。他们从孩提时代就有各种各样的模拟体验，可以很轻易地进行比较，也有着其他感兴趣的东西。所以，在早期就能让年轻人发挥作用，对于企业来说应该

图 16　美发店不同的"漏斗法则"

美发店 A 的案例

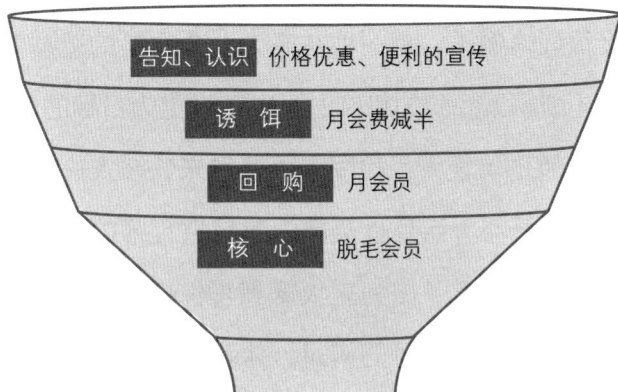

告知、认识	价格优惠、便利的宣传
诱　饵	月会费减半
回　购	月会员
核　心	脱毛会员

美发店 B 的案例

告知、认识	招募儿童模特的广告
诱　饵	各种各样的活动
回　购	母亲们的来店
核　心	家庭全员的来店

是很重要的。

　　樱子提议的"只有新生代造型师的店"就是个很好的例子，是一种在成为一个合格的造型师前不断积累经验的机制。一家以学生为目标的店，造型师是年轻人，和顾客更谈得来，客人应该也会感到开心。而且也会因为年轻造型师的低价格而成为回头客。因为客人感到喜悦，年轻的美发师也会得到被认可的满足，体验到工作的意义和价值。

第 4 章

没有战略的企业很艰辛

模仿成功的商业模式为什么都不顺利?

　　这是一家炸鸡店的故事。店主很勤奋地学习,也被称为信息通。他关注的是 "我的意大利餐厅",请的是一流的厨师,但价格非常亲民。成本率平均 60%,性价比超群,而且以立食(站着用餐)为主从而提高翻桌率。听说这样新的业态在东京很流行,于是他想到了立食炸鸡店。他想:"我引以为豪的炸鸡和可以获得毛利的威士忌组合,肯定会流行,那就可以大赚一笔了!"

　　他根据自身的情况,模仿 "我的意大利餐厅" 在车站附近租了一个小店面,不放椅子,设置成立食的形式。引以为豪的炸鸡也模仿 "我的意大利餐厅" 设置成了非常实惠的价格。

　　万事俱备,开业后也如他所想,生意兴隆。"我,说不定是个天才?" 有自信是好事。但是,没多久，客人就开始有"站着吃脚疼，想坐在椅子上"之类的意见，"客人至上主义"的他，很快就购买了椅子，准备了可以坐的席位。就这样，那些有椅子的座位颇受欢迎，但是立食的位置就无人问津了。为难的他判断"还是全都摆上椅子比较好"，于是取消了立食——虽然站着饮食才是这家店的概念。后来，休闲地坐着吃饭的客人们有了想吃米饭的新需求。他因此精心挑选大米，开始出售米饭。客人吃了美味的米饭，这次的需求是"想要套餐"。在他看来，这是厨师展示高超技术的好机会，为了做出最好的套餐，他努力进行产品开发并提供给客人。结果，这家店会变成什么样呢？可以想象到吧，会成为一家几乎不翻桌，人满为患的出售套餐的小店。客人挤得满满的，看起来好像很有人气，但营业额就是无法提升。

为什么会变成这样呢？我们来分析一下。首先，开店的地点有明显区别。"我的意大利餐厅"

是在上班族结束工作回家时，乘电车前的车站附近开店，以"回家前想轻松喝一杯"的客户为目标。所以，即使附近净是平常吃不到的高档料理，还是想轻松实惠地吃一些，关键的是"轻松地"。比起"悠闲、费时、品尝"，顾客更需要的是"轻松、便宜、开心"。但是，这个炸鸡店的老板是在结束了工作、从电车下来的"离家近的车站"旁开店。能理解其中的区别吗？是"乘车车站"和"下车车站"的不同。虽说选址都是车站旁，但是客人的"感情需求"却是完全不同的。在下车的车站附近就餐，就没必要担心时间，客人并不会着急，也就会有"想要悠闲进餐"的感情需求。店面狭小但不翻桌是致命问题，营业额当然不会提升。

其次，模仿"我的意大利餐厅"将引以为豪的炸鸡进行低价销售也有问题。本身炸鸡与高档意大利餐厅相比就非常便宜，而比起可以赚取利润的威士忌，高成本的美味米饭或是费劲的套餐配菜更受欢迎（参看图17）。

图17　原本不同的商业模式

	炸鸡店	我的意大利餐厅
开店场所	家附近的车站前	公司附近的车站周边
客人的心情	喝得悠闲	喝得轻松
停留时长	较长（翻桌率较低）	较短（翻桌率较高）

单价便宜不赚钱的店　　　　单价便宜但赚钱的店

希望大家从这个案例里能学到一件事，那就是：不充分分析商业模式，只模仿其表面，是不可能获得成功的。还是要经过试错，通过自己的双手构建起适合自己的原创商业模式才行。另外，在构建商业模式时，总是把目光放在同行业的人身上，这是个大错误。只是模仿同行业，无论到哪里都索然无味。如果想要参考成功的商业模式，那就请试着研究一下"不同行业"的吧，从那里找到原创启示的可能性比较大。

接下来，我们来复习一下。

营业额是"单价×数量"，相同营业额的情况下，单价高则数量少些也无妨；相反，单价低，就要加快循环从而增加客流量，必须增加数量。但这间炸鸡店，单价便宜，翻桌率又非常低，仅仅是因为在附近比较有名气，因此只模仿其形是不行的，要彻底分析的不是"什么赚钱"，而是"为什么赚钱"，并挖掘客户的情感需求，这才是构建商业模式的根本（参看图 18）。

要思考不战而胜的战略

如上所述，**所谓商业模式其实就是"衍生出利润的机制"**。不赚钱的企业，穷尽现金也无法生

图18　想要提高营业额，该怎么做？

单价 × 数量 = 营业额

我的意大利餐厅	单价（便宜）× 客人数量（多）= 营业额（多）
炸鸡店	单价（便宜）× 客人数量（少）= 营业额（少）

翻桌率低 = 客人数量少

想要提高营业额

①提高单价

②增加数量

③提高单价 + 增加数量

只有这3种方法！

存下去。中小企业自创办十年后，约有30%消亡，二十年后仅存半数，这是非常残忍的结局。而且，现在大企业也因业绩下滑或经营困难而烦恼，雇用了大量职员的大企业一旦倒闭，社会就会充斥着失业者，陷入艰难的境地。

因为工作关系，我接受了各种规模企业的咨询，大企业中也有很多没有商业模式而过度投资，最终无法回收资金的事业部。

最大的问题是"投池经营"，就是指仅凭感觉胡乱地将鱼钩甩入池中，鱼是否咬钩就看运气。同样地，还未看清是不是真的可以预见收益的商业模式，就像脑子短路般觉得"可能赚钱吧?"做点这，做点那。要我说，这是不可能赚钱的。**"做出来就能卖掉""只要便宜就能卖掉"的时代已经过去**。不是突发奇想地甩鱼钩，而是看准应该有鱼的地方，把鱼竿集中在此处。今后的时代，真的需要战略。

制造核心商品和诱饵商品

前面阐述了要考虑好获利的商业模式，然后战略性销售这件事。但是，这个"战略"具体是指什么呢? 这里提一个事关贵公司能否获利的重要问题。

贵公司获利的核心商品、核心服务是什么呢?

"唔……是什么呢?"感到疑惑的你,是不可能赚钱的。**只有有了真正能有利润的核心商品或服务,企业才会赚钱。**如果没有,那就要造出来。而且,为了要销售核心商品或服务还要决定"诱饵商品和服务"(参看图19、图20)。

本章已经出现过多次的"诱饵",是我提议的获利机制的入口。为了要销售核心,首先要准备好入口,那就是"诱饵",有了"诱饵",才能引导顾客最终抵达"核心"。

重要的是,不要急于从"诱饵"到"核心商品和服务",而是要与客人充分交流后再销售,这一点很关键。因此,在"诱饵"和"核心"中间要插入"回购商品和服务"。其次,把力量集中在"诱饵商品和服务"的"告知、认识"上也很重要。如果对自己公司的所有商品和服务进行宣传,花费多少广告费都不够。绘制成易懂的图,也就是文末的图。以将液体或粉末从大口径容器向小口径容器中移装时使用的圆锥形器具——漏斗的形状为主体，像这样从诱饵商品到回购然后再销售核心商品的机制，我们把它称为"漏斗法则"，突出了从诱饵商品和服务，经过回购商品和服务最终无一外漏地流向核心的形象。

图 19 商业模式成为必要的时代已经到来

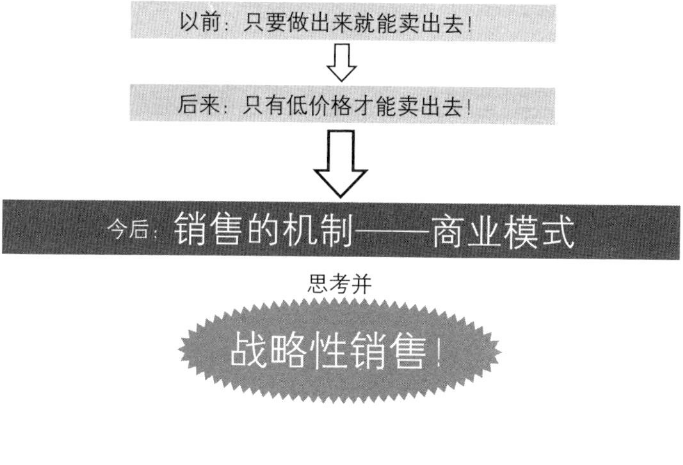

以前：只要做出来就能卖出去！

⬇

后来：只有低价格才能卖出去！

⬇

今后：销售的机制——商业模式

思考并

战略性销售！

图20 获利的机制:"漏斗法则"

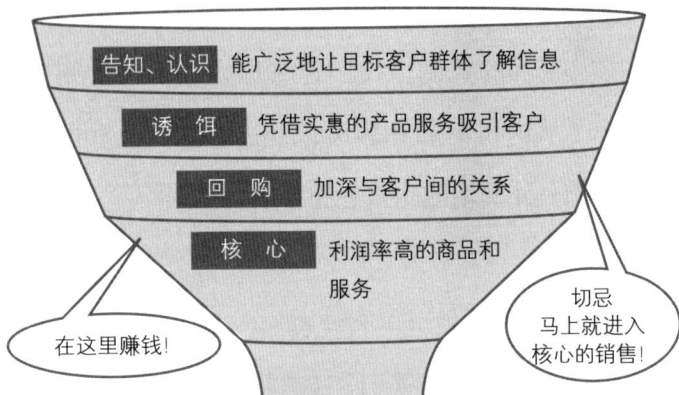

告知、认识　能广泛地让目标客户群体了解信息

诱　饵　凭借实惠的产品服务吸引客户

回　购　加深与客户间的关系

核　心　利润率高的商品和服务

在这里赚钱!

切忌马上就进入核心的销售!

思考贵公司的"漏斗法则"

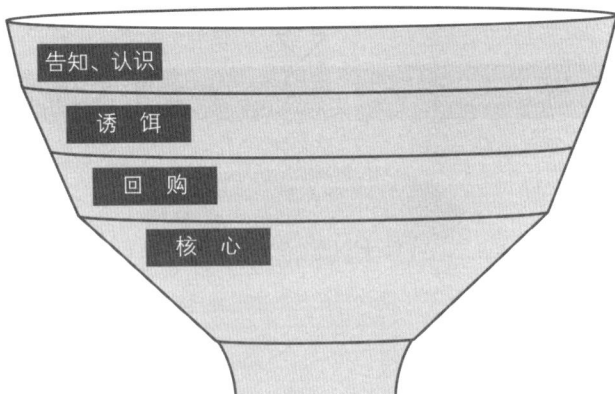

告知、认识

诱　饵

回　购

核　心

企业为什么赚钱？用"漏斗法则"就可以说清楚

以 2016 年上市的 Comeda 咖啡举例说明，就可以把"漏斗法则"讲得清楚明白。

Comeda 咖啡店以名古屋为据点，截至 2017 年 11 月在全日本拥有 784 家店铺，其店铺数量是位居星巴克、Doutor 咖啡后的日本第三。红丝绒的沙发摆放在木质的山中小屋风的店铺中，打造出独特的氛围感。咖啡一杯 400 日元（约合 24 元人民币），并不便宜，还有像"白与黑"（将白色冰激凌盖到黑色丹麦面包上的一道甜品）等独创性较高的甜品菜单和面包菜单。Comeda 咖啡店的"诱饵"直截了当地说就是"成功的直营店"，"回购"是全国连锁加盟店的加盟费，"核心"可以说是食材的批发。Comeda 咖啡店虽然有众多店铺，但是直营店仅有 16 家（截至 2017 年 11 月），这就是为了招揽加盟店的诱饵。

根据公开的上市信息，年营业额 240 亿日元（约合 14.4 亿元人民币），利润 68.8 亿日元（约合 4.1 亿元人民币），营业额的利润率达 28.6%，远远超过了餐饮行业的平均水平（经济产业省调查结果显示，平均为 8.6%,）。这恐怕就是因为食材批发的利润做出了巨大贡献，连锁店提供的

图 21　Comeda 咖啡店的核心是"批发食材"

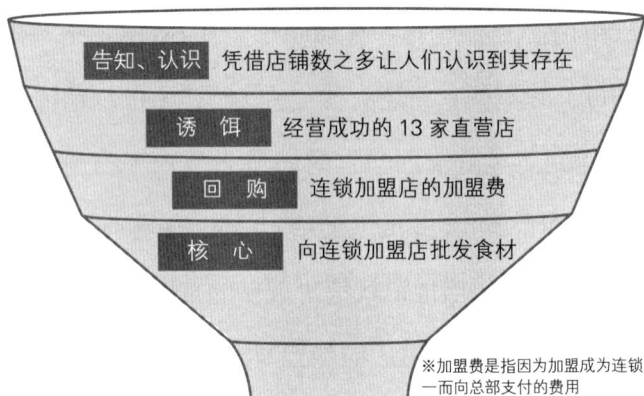

告知、认识	凭借店铺数之多让人们认识到其存在
诱　饵	经营成功的 13 家直营店
回　购	连锁加盟店的加盟费
核　心	向连锁加盟店批发食材

※加盟费是指因为加盟成为连锁店之一而向总部支付的费用

图 22　Comeda 咖啡与其他咖啡店的对比

	年销售额	利润	利润率
Comeda 咖啡 （Comeda 股份公司）	240 亿日元	68.8 亿日元	28.6%
Doutor （Doutor 股份公司）	1247 亿日元	94.6 亿日元	7.6%
Renoir （Ginza Renoir）	76 亿日元	2.96 亿日元	3.9%

（截至 2017 年 2 月）

咖啡或甜品等，每家店都是从总部批发的。店铺
的数量越多，总部的食材越畅销——就是这样的
一种机制。所以，外表是饮食业，其实 Comeda
咖啡是"食材批发业"。那样的话，其连锁店众
多，即使不用营销也会购买总部的食材，可以说
"很好地圈定了客户"。像这样，**拥有可以提高利
润的核心商品和核心服务，企业就可以确保惊人
的利润。**

从诱饵商品到核心商品的销售

我们再来举一个利用"漏斗法则"获得成功的企业案例吧，这是一家让我发自内心赞叹的通过电视购物销售蜂蜜的蜂蜜店。大家来想想，这家公司以蜂蜜作为诱饵，那什么是其"核心"呢？如果看过我所写的另一本书《如何用100元马克杯卖1000万元房子》（钻石社）的读者，应该马上就知道答案。"嗯……吐司？"很遗憾，答案错误。15000日元（约合900元人民币）的蜂胶才是他的核心商品。

作为诱饵商品，一瓶980日元（约合60元人民币）的特色蜂蜜装入可爱的瓶子中，顾客轻松购买，购买三瓶仅需2000日元（约合120元人民币）。如果只是这样，绝不可能赚钱，因为这毕竟只是诱饵。

"诱饵" 是负责吸引的商品，"一套的话多少钱？"像这样降低标准后，**客人就会更容易购买**（归根结底，靠核心赚钱是前提）。之后的商业模式是这样的。店铺会给下单蜂蜜的客人一同寄去公司的简介和与健康相关的小册子，这是为了促成"回购商品"的购买。"蜂蜜是对身体有益的食品，但是无法大量食用吧？那么向您推荐蜂王浆。蜂王浆是专供蜂王的特殊食品，营养价值极高。原价 13600 日元（约合 816 元人民币）的蜂王浆，现在限定购买蜂蜜的客人可享受半价，仅需 6800 日元（约合 408 元人民币）。"

"客人限定""现在半价"，这些都是在用"现在不买就是损失"的关键词激发客人的购买欲，旨在培养客人每日服用蜂王浆的"习惯"，使其更关注健康。其实，这里才是重点。大家会觉得终于要慌忙开始推销"核心"了吧，这时必须忍耐。如果还没有建立与客人之间的沟通，即使销售了

"核心"也无法持续下去。如果此时让客人头脑一热购买了商品，万一其他地方卖得更便宜，客人就会选择便宜的一方，结果就是被卷入价格战中。一边销售回购商品，一边**加深与客人的关系，创造出即使还有别的地方在卖，也绝不多看一眼的状态**。这里，完全了解客户是关键。"这家蜂蜜店与其他店不同，非常了解自己。"到了让客人有这种想法的阶段就是"核心"登场的时候了。"真正对身体好的是蜂胶，蜂胶是蜜蜂制作出的最好的，维持身体健康的食品。很可惜，蜂胶无法大量入手，但是现在我们把这个宝贵的机会留给您，只要15000日元（约合900元人民币）。因为限定只有200支，请尽快下单！一定要每日饮用，保持身体健康哟！"这样就能诱导客人看到利润高的商品。乍看之下可能会担心："就靠这么便宜的蜂蜜赚钱？"但是，因为有这样的商业模式，就可以做到稳赚不赔（参看图24）。

图 24　蜂蜜店的核心商品是"蜂胶"

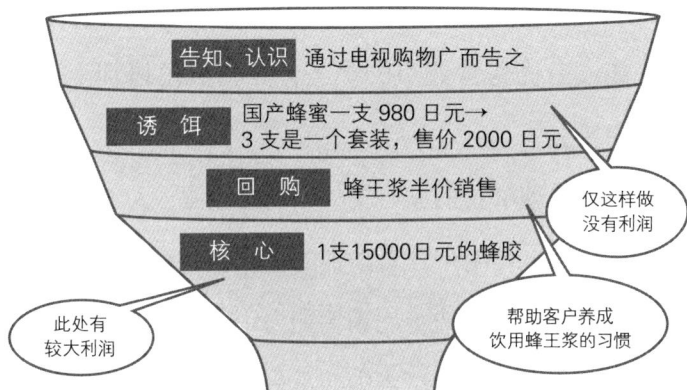

告知、认识 通过电视购物广而告之

诱　饵 国产蜂蜜一支 980 日元→
3 支是一个套装，售价 2000 日元

回　购 蜂王浆半价销售

核　心 1支15000日元的蜂胶

此处有
较大利润

仅这样做
没有利润

帮助客户养成
饮用蜂王浆的习惯

战略失误会导致优质商品毫无销路

下面，我们先来看一个因战略失误导致失败
的置业公司的案例。有两家公司实施了完全相反
的战略。A 置业公司几乎买遍并囤积了小学附近的
人气地段，住宅以"附带建筑条件①"的形式销

① 即房屋搭建时必须选用置业公司规定的建筑公司和建筑
方案。

177

售；而 B 置业公司则专注于房屋建造，将时髦作为卖点，而且为了能向客人说明住宅的优势，雇用能成为优秀营业员的员工，并在员工培训上倾注力量。

可以理解这两家公司战略的区别吗？A 公司是购买土地，用附带建筑条件的形式销售房屋；B 公司就是专注于建造，用销售能力销售房屋。A 公司在家有小学生的父母当中非常受欢迎，很快土地售罄，因带有房屋所以畅销。适合土地的布局已定，洽谈时间缩短，消除了与客人的分歧，构建了良好的关系，大家都评价这里全是和蔼的工作人员。

与 A 公司不同，B 公司是让营业员拼命向客人解说房屋的特点，历经艰难才能签约。但是，到了终于要进入建筑阶段时，却没有土地。营业员还要在客人期望的区域内拼命寻找土地。在期望的区域、用期望的价格寻找土地是需要时间的，还在寻找中时，客人就联系："那个，不好意思。

孩子进入小学的时间越来越近，已经没有时间了，还是决定买有附带建筑条件的了。您这边也一直在帮我努力，但是不好意思……"营业员愕然，向上司报告后，就会被训斥："看看你！你到底在干什么！都是因为你没有营销能力才会这样！赶紧去地狱特训营销班研修去！"其实，比起 A 公司和蔼可亲的员工，B 公司的营业员更优秀且业务涉及范围更广，可能可以做更多的工作，但是获胜的是 A 公司（参看图 25）。

图 25　即使"战术"高超，"战略"失误，仍会失败

	置业公司A	置业公司B
销售商品	附带建筑条件的房屋建设	专注品质的房屋建设
战术	自己公司确保土地再出售	凭借营销能力出售优质品质
销售对象	有孩子的家庭	有孩子的家庭

房屋购买时间紧迫的客户选择 A 公司

怎样才能获胜？答案是，需要"战略"，而实际竞争中需要"战术"。战略是综合性的策略，战术则是手段。无论雇用、培训出多么优秀的营业员，如果本身战略错误，也不可能获胜。我经常会向经营者说一句话，那就是"战术高超不能弥补战略失误"这一事实。B 公司的住宅卖不出去不是营业员（战术）的责任，毫无疑问，是经营者战略的失误。

我一直在说："**只是做出好东西，不一定能卖出去。**"所以，**要构建可以卖出去的机制——**也就是**认真构建商业模式**，这才是重点。那么，B 公司应该建立什么样的战略才好呢？如果是我，就不与 A 公司竞争。因为 A 公司具有可以拿到（购买）人气地段的能力和雄厚的财力。如果自己公司很遗憾没有那样的能力和资金，那就要在不同的市场上去竞争，否则员工（战术）会因为无用的努力而疲惫。房屋没有土地是无法建造的，所以从一开始就应该制定以拥有土地的人为目标客户的战略。比如，聚焦两代同住住宅，可能也是不错的。如果是为了与儿子夫妻俩或女儿夫妻俩同住的重建，就不需要再购置土地了。或者，如果是拥有广阔土地的人，也可以提议建造公寓，然后各住进其中一间就可以了，其他的还可以出租，对于客人来说有收入，也能成为减少继承税的对策。

　　也有更换目标客户的方法。有"需要一座新房子"这样较强需求的，同样也有"不想让孩子转校"这样的强烈的感情需求，因此在入小学时购买房子的案例比较多，也就是这个年龄段对于建筑业来说是红海（竞争激励的市场）。不在这片红海里竞争，还有新婚小夫妻建造新家的这一战略。以要结婚的小夫妻为目标客户，靠父母的帮助来买新房子。这个战略我在前一本书中已经详细描述过了。"什么？能那么顺利就将房子卖出去吗？"可能会有人这么想。其实，有幼儿的夫妇如果想建房子也有很多是用父母的钱交首付款的。结婚之际，一般用作租赁的押金或礼金只要够缴纳首付，即使年收入较低也还可以使用房贷来解决。

像这样任何行业都要思考"不战而胜"的战略。战略无穷无尽，如果只是想在短期内出售建造良好的房屋，是无法形成战略的。

商业模式，换言之，就是获利的机制。

分析商业模式

在构建商业模式时，需要进行各种各样的分析，参考上述在其他行业已经获得成功的模型；或者自己公司已经有人气商品或服务，那就试着更深入地分析这些商品或服务。你是否明确自己公司的商品或服务被选择或者畅销的理由呢？"可能……是因为性能较好吧?"这不是分析，只能说是你自认为的。仅凭自己想法的判断只不过是纸上谈兵，答案其实都在"第一线"。

要先试着从自己公司的目标客户那里不断地询问意见，而且要尽可能多地询问不同客户的意见。说不定，会因为与自己所想完全相左的原因选择了自家店铺或商品。"一直也没说过，其实我很欣赏这个地方"之类的，可能会有很多以前从未听过的意见。没有必要因为这些答案或喜或忧，要分析收集到的信息，然后提供出更让客人感到喜悦的商品或服务，进一步提高商业模式的精准度才是目的。

因此，不要在意一两次的小失败，如果因为害怕失败而什么都不做才是问题，结果会有天壤之别。**重要的是不要犯致命错误**。所以，要认真构建战略，重复试验，打造最完美的商业模式。

在具体构建"商业模式"时

有人会说，"虽说如此，但不知道该从何入手，还是很在意眼前的营业额"。其实，这都是真心话。这样的心情，我非常理解。本书介绍了已经陷入经营困境，却得到能干的顾问远山樱子的帮助而恢复业绩，最终看到光明未来的三家公司的故事。其实，这三家公司都是以真实案例为原型的。

利用商业模式，营业额轻松破亿的方法：
- 用诱饵商品和服务招揽客户
- 要构建出可以让客人多次重复购买的机制
- 最终凭借核心商品和服务提高利润

这就是任何行业都共通的"漏斗法则"（参看

图 26）。而且关键词是**存量商业**。把客户培养成常客、追随者甚至是家人，构建起让客人长期持续购买的机制。本书中，三家公司的现有问题都因樱子的建议得到解决和改善，并一一嵌入"漏斗法则"。为了让大家学会构建自己的商业模式，我用尽心思，所以，正在读这本书的您，无论有多忙，请一定要试着想一想经营上的战略问题，比如自己公司的"商业模式"是什么，能不能套用"漏斗法则"等。在做生意的路上前行，如果没有"战略"，会越来越辛苦。即使最初事业顺遂，但没有商业模式一定会走不下去，特别是中小企业，更需要商业模式。

做生意是快乐的！

大家常认为，不赚钱的生意会很困难，很辛苦，但如果是进入到"有钱赚，赚到盆满钵满"

的状态，其实就会感到生意"有趣得不得了"。自己想出来的点子可以解决客户的问题，让客人喜悦、感动……还有比这更美妙的事情吗？

我经常会跟经营者说："发生了各种各样的事都是意料之内的，什么都没发生才奇怪吧？"致命问题会让人困扰，但是只要做生意就会遇到障碍，解决这些障碍和问题，才能让企业、经营者成长。这就和健身一样，锻炼肌肉也会引起肌肉的疼痛，成长与疼痛如影随形。但是坚持下去，慢慢地就能做越来越多的事。

未来才是正式开场。请尽可能多地将商业模式输入脑海，然后试着构建自己原创的商业模式。

> 图26　想要达成营业额破亿，"漏斗法则" 不可或缺！

●仅对诱饵商品集中【告知、认识】

●凭借诱饵商品和服务招揽客人【诱饵】

●构建可以多次、持续购买的商品和服务的机制【回购】

●最终，【核心】商品提高利润

"漏 斗 法 则"

告知、认识

诱饵

回购

核心

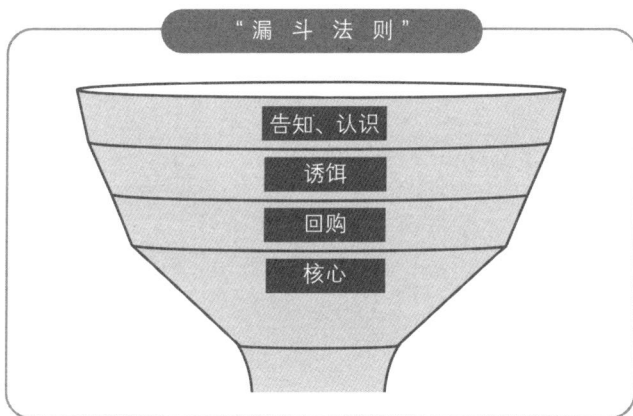

如果以营业额破亿为目标的话……

●存量商业

以稳定的营业额为目标的【**存量商业**】

后　记

"赚钱，很容易。营业额很快就能破亿，我向你保证。"

读了这本书，希望大家能理解远山樱子这两句话的意思。没错，为了提高营业额，利用好切实可以提高利润的"漏斗法则"就可以了。进一步说就是，必须有可以赚钱的"核心商品、核心服务"。

出场人物中的汉方·按摩沙龙 Hana 的华惠、Namiha 电器的健一、TRANS、SPARK 美发店的友树，都为了让客人高兴而拼命。确实，让客人高兴是生意的原点，但很可惜，只有这样的热情是无法获得成功的。

　　"在构建'漏斗法则'时，首先要做什么呢?"经常有人提出这样的疑问。答案就是，尽可能多地招徕顾客。世间散落着各种各样的启示，无论何种行业，都应该不断地去那些排队的店铺，购买人气商品、流行商品。商品外包装很好，价格设置绝妙，或方便、使用难度较低……其赚钱的手段应该就能看出来了。虽然我自称为"商业宅女"，但是一听到有赚钱的店就会马上坐立不安，一定要去好好侦察一番。

　　然后，客户都是什么样的人? 什么东西最畅销? 为什么如此畅销? 有什么脍炙人口的广告语? 店铺的核心是什么? 这些事情全都要用自己的眼睛去看，让自己试着感知，并试着自己分析"这家店铺的核心商品到底是什么? 从何处赚取利润?"然后再试着嵌套进"漏斗法则"。对我来说，这样的思考理所当然，这样日积月累就会成为构建各种行业商业模式的想法的源泉。也请各位读者将"对客人的热情"和"赚钱的手段"结合在一起，请一定要参考本书完成"漏斗"。

这本书中出现的按摩沙龙、电器店、美发店，都是以我举办的商业模式课题曾经的学员为原型的，虽然不全是真事，公司名称、所在地也改变了，但是有非常接近真实情况的地方，那就是最开始因为不赚钱而气喘吁吁的确是事实。但是，现在三家店铺都认真构建了"漏斗"，成了可以赚钱并得到顾客支持的店铺。而且回顾往昔，三家都说"如果没有构建好'漏斗'，真的不知道现在会成什么样"。

所以，如果践行本书的内容，您肯定也可以马上实现超高营业额。为了客户、工作人员、一直支持自己的家人，也请一定要挑战一下。"生意"并不是有做的意义就能感到快乐的东西。如果这本书能成为您的指南，我将无上荣幸。

最后，我要感谢钻石社出版了这本以远山樱子为题材的第二本书。继第一本书后，才女木村香代成为我的编辑，有了她的敦促（其实也没有，但是有这样的氛围……）才有了今天的第二本。

还有一直支持我的 Carity 股份公司的工作人员，全日本的商业模式课堂的学员们，照顾一直宅在家中不外出的我的家人们，正因为有了大家的帮助才有了今天的这本书。真的非常感谢。

最后，我由衷地感谢引导我至今的原会长西田文郎先生。

2018 年 1 月

高井洋子

参考文献

《脑科学营销的 100 个心理技巧》罗杰·杜立
(Direct 出版社)

《大脑让你产生购买欲望的消费心理状态：无
可奈何理论》西田文郎（德间书店）

作者简介

高井洋子

Carity 股份公司的高级顾问，出生在横滨，曾任家具销售公司的经营者。3 年间扩大事业规模，实现原创家具销售的连锁化，更着手原创住宅销售、重建等业务。成立 3 年后达成集团年营业额 70 亿日元。后投身经营顾问事业，2012 年凭借聪明才智成立了 Carity 咨询公司，就任董事长。

以全日本中小企业经营者为对象的"商业模式课堂"，6 年间已开展了 53 期讲座，全日本 800 多家企业的经营者、经营骨干、创业期望人员参加了讲座。

主要进行极具实操性的商业模式构建、战略战术制定指导、建议，V形恢复的企业数不胜数，帮助中小企业打破现状，提升业绩。

为了将活动推广至全球，2017年，高井洋子辞去Carity股份公司董事长一职，在新加坡开展业务。爱好是分析世间的商业模式验证其如何赢利。著作有《如何用100元马克杯卖1000万元房子》(钻石社)。

图字：01-2021-5998 号

Suguni 1okuen Chiisana Kaisha no Business Model Cho nyumon By Yoko Takai
Copyright © 2018 Yoko Takai
Simplified Chinese translation copyright © 2021 by Oriental Press All rights reserved.
Original Japanese language edtion published by Diamond, Inc.
Simplified Chinese translation rights arranged with Diamond, Inc.
Through Hanhe International（HK）Co., Ltd.

图书在版编目（CIP）数据

小企业极简商业模式／（日）高井洋子 著；张佳 译. —北京：东方出版社，
2022.3
（日本中小企业经管书系）
ISBN 978-7-5207-2681-8

Ⅰ.①小… Ⅱ.①高… ②张… Ⅲ.①中小企业—商业模式—研究 Ⅳ.①F276.3

中国版本图书馆 CIP 数据核字（2022）第 021318 号

小企业极简商业模式
（XIAOQIYE JIJIAN SHANGYE MOSHI）

作　　者：［日］高井洋子
译　　者：张　佳
责任编辑：崔雁行　史晓威
责任审校：张叶琳　赵鹏丽
出　　版：东方出版社
发　　行：人民东方出版传媒有限公司
地　　址：北京市西城区北三环中路 6 号
邮　　编：100120
印　　刷：北京文昌阁彩色印刷有限责任公司
版　　次：2022 年 3 月第 1 版
印　　次：2022 年 3 月第 1 次印刷
开　　本：787 毫米×1092 毫米　1/32
印　　张：6.875
字　　数：57 千字
书　　号：ISBN 978-7-5207-2681-8
定　　价：48.00 元
发行电话：(010) 85924663　85924644　85924641
